广东省中小学"百千万人才培养工程"
初中理科名教师培养项目丛书

丛书总主编：于 慧 李晓娟

联动数学

初中数学"综合与实践"的教学校本化探索

黄金雄 著

暨南大学出版社
JINAN UNIVERSITY PRESS

中国·广州

图书在版编目（CIP）数据

联动数学 ：初中数学"综合与实践"的教学校本化

探索 / 黄金雄著. -- 广州 ：暨南大学出版社，2024.

10. -- （广东省中小学"百千万人才培养工程"初中理科

名教师培养项目丛书 / 于慧，李晓娟总主编）. -- ISBN

978-7-5668-3951-0

Ⅰ．G633.602

中国国家版本馆 CIP 数据核字第 202427FP07 号

联动数学：初中数学"综合与实践"的教学校本化探索

LIANDONG SHUXUE：CHUZHONG SHUXUE "ZONGHE YU SHIJIAN" DE
JIAOXUE XIAOBENHUA TANSUO

著　者：黄金雄

....

出 版 人：阳　翼

统　　筹：黄　球　潘江曼

责任编辑：潘江曼

责任校对：刘舜怡　许碧雅

责任印制：周一丹　郑玉婷

出版发行：暨南大学出版社（511434）

电　　话：总编室（8620）31105261

　　　　　营销部（8620）37331682　37331689

传　　真：(8620) 31105289（办公室）　37331684（营销部）

网　　址：http://www.jnupress.com

排　　版：广州良弓广告有限公司

印　　刷：广州市金骏彩色印务有限公司

开　　本：787mm×1092mm　1/16

印　　张：9.25

字　　数：167 千

版　　次：2024 年 10 月第 1 版

印　　次：2024 年 10 月第 1 次

定　　价：39.80 元

（暨大版图书如有印装质量问题，请与出版社总编室联系调换）

序

在探索科学的过程中，我们常常被那些具有挑战性的问题吸引。问题，是思考的起点，也永远是思考的主题。而以研究问题为主旨的初中数学"综合与实践"则是长久以来我们在初中数学教学中，想做而未做、想做而不敢做、想做而不知怎么做的一项教学活动。广东省中小学"百千万人才培养工程"初中理科名教师、正高级教师黄金雄和他的团队将思考变成了行动，以行动促成果。

初中数学"综合与实践"是一门以问题为导向，以学生为中心的课程。它强调数学与外部世界的联系，以及数学内容之间的内在联系，重在培养学生综合运用数学知识解决实际问题的能力。该课程的显性目标包括了解数学建模的含义，探究数学建模的基本规律，挖掘教材知识内容与现实问题的结合点。隐性目标则包括初步学会用建模的方法解决现实问题，深刻认识数学文化的价值，激发学生学习数学的兴趣和积极性，以及提高学生分析问题、解决问题的能力。

黄老师敏锐地察觉到这些课程目标与其"万物皆联，思有三动"的教学主张完美契合，故带领团队横跨章节，纵跨年级，完成了极其丰富的教学案例编写。这些案例真实、有趣、有意义，读完令人深思，各种新奇的想法也翩然而至。案例源于生活中的一个个有趣问题，涉及数学、物理、化学甚至建筑学、医学等多个领域，学生不但要建模和解模，还要尝试去实验、调查、设计、制作等，他们既要单兵作战，也要分工合作、沟通交流，甚至教师也不再是一个绝对的引导者和评价者，而是一个充分的参与者和观察者。

书中黄老师对"综合与实践"教学内涵的解读、教学策略的建议和教学案例的分享，让读者深刻感受到一个专家型教师的智慧、一个行动派教师的坚守和一个真实教育者的豁达。读罢此书，掩卷之际，我仍想对这位深耕在教育一线的同行致以崇高的敬意。教书与育人，不可分割，教书者，以书育人，以教育人，而这书，是本写在教学一线的书，这教，是融入骨血刻进基因之教，行教书之职，布育人之道。

　　是为序，共勉。

2024 年 4 月 28 日

（栾姝，岭南师范学院数学与统计学院院长）

目 录
CONTENTS

第一章　联动数学概述

作为广东省中小学"百千万人才培养工程"初中理科名教师培养对象、佛山市名教师工作室主持人、顺德区创新拔尖人才项目特聘教师、顺德区教育科学研究兼职科研员、班主任、数学科长，笔者坚持立足课堂教学实践，不断探索新的教学理念和教学方法，致力于信息技术与初中课堂教学的深度融合，坚持以"课堂即探究"理念指导教学，探索出"联动数学　慧问课堂"教学新范式。通过多年的实践，我逐渐提炼出"联动数学"的教学主张，形成"慧教慧学，慧问慧用"的教学风格，积极落实国家教材校本化，建立了"大基础课时学案""微专题""滚循环测试"相结合的系统的教学架构。"联动数学　慧问课堂"教学范式落实立德树人根本任务，符合新课程理念，着力培养学生的自学能力、问题意识和创新精神，具有可操作性和实践性。通过对案例的研究与实践，更高效地促进了学生的自主学习、合作学习和探究学习，提高了学生分析问题、解决问题与合作交流的能力，培养了学生的核心素养、问题意识和创新精神，学生得到全面发展，获得了立体式预习、大容量展示、快节奏反馈的课堂教学效果。这一教学主张的推广和延伸也见证了自己、工作室成员以及科组老师的专业成长。

第一节　教学主张——联动数学

一、联动数学的定义

联动数学是基于万物关联的哲学思想，以纵向和横向相似单元整体教学联结为教学指向，逆向设计，目标导向，核心理念是"联"和"动"。"联"即通过串联单元学习内容和并联其他学科，关联核心素养发展；"动"以问题驱动、思维灵动、评价互动嵌入学生的认知结构之中，关注思维源，搭建关联线，形成知识链，实现动态迁移和生成。联动数学结构图如图 1-1 所示。

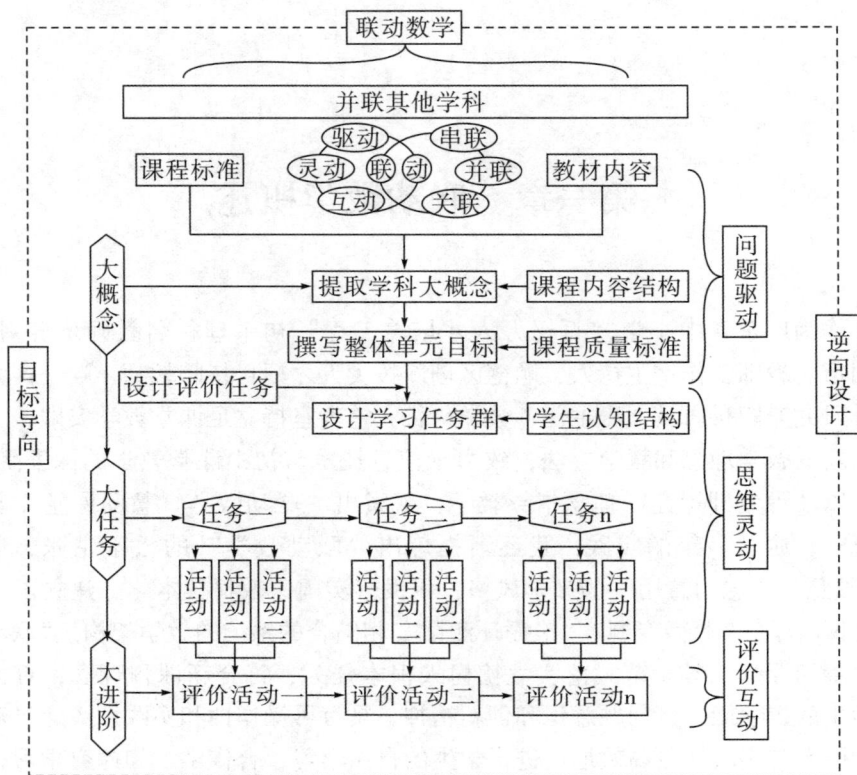

图 1-1 联动数学结构图

逆向设计与目标导向相结合的联动数学教学模式，是一种革新性的教育实践，它深刻诠释了"以终为始"的教育智慧。这一模式首先锚定长远的教学目标，无论是学生的核心素养提升，还是跨学科知识的融会贯通，都是先做评价后做教学设计，这些都是教学活动的起点。在实践中，通过精心策划的评价体系，确保所设目标可衡量、可达成，这是逆向设计的关键步骤，它要求教师提前构思如何检验学习成果，倒逼教学过程的精准设计。

在明确目标与评价标准后，教学活动的规划便围绕着如何有效达成这些目标展开。这里，"联动"理念成为核心，它强调知识间的内在联系与跨学科的深度融合，通过问题驱动、思维灵动和互动评价，构建起一个动态的知识网络。学生在这样的网络中，不仅能深化对数学概念的理解，还能锻炼批判性思维和创新能力，实现由点及面、由浅入深的认知跃迁。

问题驱动是联动数学教学的核心，基于"四基""四能"，通过提出具有挑战性和实际意义的问题，引导学生主动思考、探究和解决问题，激发学生的学习兴趣和创造力。并联其他学科可以帮助学生建立知识之间的联系，拓展学生的知识面，促进学科之间的交叉融合。关联核心素养发展，可以培养学生的综合能力和创新精神，提高学生的综合素质。动态迁移和生成，可以帮助学生将所学的知识和技能应用于实际生活中，提高学习效果和实际应用能力。

此外，联动数学教学还特别注重学生个体差异，通过灵活调整教学策略，满足不同学习者的需求，让每个学生都能在自己的节奏上稳步前行，最终实现个性化成长与全面发展。这种教学模式不仅提升了课堂效率，更为重要的是，它激发了学生内在的学习动力，培养了其终身学习的习惯，为学生未来面对复杂多变的世界打下了坚实的基础。

联动数学以学生为中心，以目标为引领，以联动为核心，致力于构建一个充满活力、高效有序的学习生态系统，为培养适应未来社会需求的高素质人才开辟了新路径。联动数学教学关涉学习目标、学习情境、学习活动、学习方法和学习效果，每一项内容又自成系统，相互关联，其各要素关系示意图如图1-2所示。

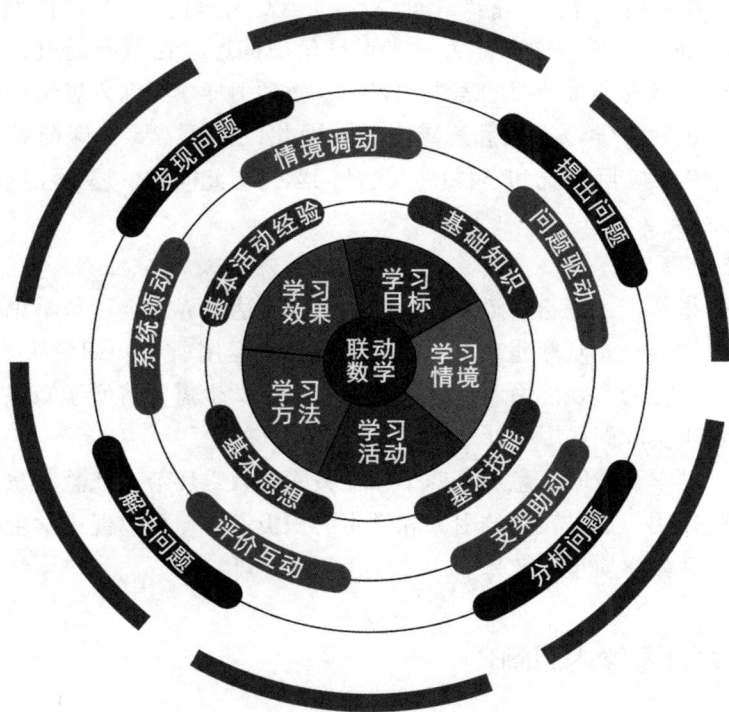

图1-2　联动数学各要素关系示意图

二、教学风格：慧教、慧学、慧问、慧用

1. 慧教

慧教是指教师运用智慧和技巧来引导学生学习。在慧教的过程中，教师需要了解学生的认知规律和特点，采用灵活多样的教学方法和手段，引导学生主动参与学习，调动他们的思维能力和创造力。同时，教师需要注重培养学生自主学习能力和团队合作意识，帮助他们建立正确的学习方法和思维方式。

2. 慧学

慧学是指学生运用智慧和技巧来学习。在慧学的过程中，学生需要认真思考教师提出的问题，积极寻找答案，能够将所学知识应用到实际生活中。同时，学生需要学会与他人合作，在团队中发挥自己的作用和价值。此外，学生要注重培养自己的自主学习能力和创造力，树立正确的学习态度，形成正确的价值观，不断追求自我发展和成长。

3. 慧问

慧问是指教师基于"四能"（即学生的"发现问题""提出问题""分析问题"和"解决问题"四项能力）来设计情境问题。在慧问的过程中，一个好的问题能够激发学生学习的思维和兴趣，教师引导学生深入思考和探索，帮助他们建立正确的学习方法和思维方式。因此，教师需要在课前做好充分准备，根据学生的实际情况和学科特点设计问题，与此同时，还要注重问题的针对性和启发性。

4. 慧用

慧用是指基于"三会"（即会用数学语言表达世界、会用数学思维思考世界、会用数学的眼光观察世界），学生能够灵活运用所学知识解决实际问题，将理论知识转化为实践能力。在慧用的过程中，学生需要将所学知识应用到实际生活，解决实际问题。

慧教、慧学、慧问、慧用是四个相互关联的教学环节，在慧教慧学理念中有着重要的作用。通过教师的引导和学生的积极参与，可以促进学生的全面发展，提高教育教学质量和效果。

三、联动数学内涵阐释

联动数学作为一种新的教学模式，强调不同学科之间的关联和互动，以及

将学科知识与现实问题相结合，从而使学生形成跨学科思维能力，提升其综合素养。这种教学模式的核心理念是"联"和"动"，即串联不同单元的学习内容和并联其他学科，使学生在学习过程中形成全局观和系统思维的意识。

（一）纵横联结

在纵向联结方面，单元整体教学是实现联动数学的重要手段。传统的数学教学往往只注重知识点的孤立教学，而单元整体教学则将相关的知识点有机地串联起来，形成一个完整的学习单元。这样的教学方式不仅可以帮助学生更好地理解和应用知识，还能够激发学生对数学的兴趣和好奇心。通过纵向联结，学生可以逐步深入学习和掌握数学的各个层次，建立扎实的数学基础，也可以更好地理解和应用前后相关的知识点，形成知识的连贯性和对知识的深度理解。例如，在学习几何的同时，可以引入代数知识，通过几何问题的解析方法来加深学生对代数概念的理解。这样的纵向联结不仅有助于学生建立更为全面的数学知识体系，还可培养他们的综合思考能力和问题解决能力。

在横向联结方面，将数学与其他学科进行融合是实现联动数学的另一个重要途径。数学作为一门普遍存在于自然科学、社会科学等各个学科中的工具性学科，与其他学科有着密切的关联。通过将数学与其他学科相结合，可以帮助学生更好地理解数学的实际应用价值意义，培养学生的跨学科思维能力。此外，横向联结还可以促进学科之间的交流和合作，推动学生综合素养的发展。

在横向联结的过程中，教师可以设计一系列的学习活动和任务，让学生在解决实际问题的过程中运用数学知识，并将数学知识与其他学科的知识内容进行交叉应用。例如，在学习几何单元时，可以引入自然界中的几何形状，让学生通过观察和探究了解几何形状在现实生活中的应用。这样的学习方式不仅能够增强学生的学习兴趣，还能够帮助他们更好地理解和应用数学知识。

此外，横向联结还可以促进学生之间的合作与交流。在跨学科的学习任务中，学生需要与他人展开合作，共同解决问题。通过合作学习，学生可以互相交流，分享各自的思考和策略，从而促进彼此的学习，共同成长。

总之，联动数学以问题驱动、思维灵动和评价互动为特点，旨在将学科知识与现实问题相结合，培养学生的跨学科思维能力，提升综合素养。通过关注思维源，搭建关联线，形成知识链，实现动态迁移和生成，可以帮助学生更好地理解和应用数学知识，提高解决问题的能力和创新思维能力。

（二）问题驱动

问题驱动的学习方式是联动数学的核心策略之一。它强调将问题作为学习的起点和驱动力，通过引发和调动学生的好奇心和思考力，激发他们对数学知识的探索欲和理解。相较于传统的教师讲解模式，问题驱动的学习方式具有以下优势和作用：首先，问题驱动的学习方式能够激发学生的主动性和参与度。当学生面临一个有趣或具有挑战性的问题时，他们会更加积极地思考和寻找解决方案，这种主动参与的学习过程能够激发学生的学习动力，提升其自主学习能力。其次，问题驱动的学习方式能够促进学生的思维发展。在解决问题的过程中，学生需要运用各种数学概念和技巧进行推理、分析。这种学习活动能够锻炼学生的逻辑思维、创造性思维和问题解决能力，提高他们的数学思维水平。例如，当学生在学习三角函数的概念时，传统的教学方式可能是教师讲解三角函数的定义和性质，然后让学生做一些例题。而在问题驱动的学习方式下，教师可以提出一个实际问题，如："已知两个建筑物的高度和夹角，如何确定它们之间的距离？"学生需要运用三角函数的知识来解决这个问题，从而深入理解三角函数的概念和应用。通过问题驱动的学习方式，学生不仅能够获得知识，解决问题的能力和思维能力也能够得到提升和锻炼。

（三）思维源

在联动数学中，思维源是指学生思考和解决问题的起点和基础。它强调培养学生的思维能力，使其能够独立思考和灵活运用所学知识。为了构建思维源，教师可以采用以下方法：首先，提供启发性的问题或情境，激发学生的思考。这些问题或情境可以与现实生活相关，或者涉及跨学科的内容，以引发学生的兴趣和好奇心。其次，引导学生进行探究性学习，鼓励他们通过观察和实验等方式主动获取知识。这样的学习方式可以帮助学生建立自己的思维源，将所学知识与实际情境相连接。

（四）关联线

关联线，将不同单元之间的知识进行有机结合。通过串联相关的知识点，学生可以更好地理解知识的内在联系，形成知识链条。关联线可以通过提供衔接性的问题、设计综合性的项目任务等方式构建。通过搭建思维源和关联线，学生可以在联动数学中获得更深入的学习体验，能够从多个角度思考问题，灵活运用所学知识，并将不同学科的知识进行有机融合。这样的学习方式有助于培养学生的创新思维和问题解决能力。

（五）知识链

知识链的形成是联动数学的重要目标之一。通过串联不同单元的知识，学生能够建立一个完整的知识链条。这种连续性的知识链条有助于学生更好地理解和应用所学知识。在知识链的形成过程中，动态迁移起到关键作用。动态迁移是指学生能够将已学的知识应用于新的情境和问题中。通过动态迁移，学生能够将已掌握的概念、方法和技巧灵活运用于不同的数学领域和实际生活中，从而提高他们的数学思维能力和解决问题的能力。

通过联动数学教学中知识链的形成和动态迁移，学生能够更好地理解数学的整体性和应用性。他们能够将所学的数学知识与实际问题相结合，发现数学在现实中的应用和意义。同时，他们能够更好地理解不同数学概念之间的联系和相互影响，进一步提高他们的数学思维水平。

（六）思维灵动

数学的思维灵动，是指基于"四基四能三会"，学生在数学学习和应用中能够灵活、敏捷地运用各种数学概念、定理和技巧，以解决问题，获得新知。这种思维灵动表现在：①数学抽象思维：将实际问题抽象成数学模型，用数学语言描述和解释现象的能力。②数学逻辑思维：运用数学逻辑推理和证明，解决数学问题的能力。③数学化归思维：将复杂问题转化为简单问题，将未知问题转化为已知问题的能力。④数学类比思维：通过比较、类比，从一个问题迁移到另一个问题的能力。⑤数学想象思维：运用数学知识和技能进行想象和创新的能力。

数学的思维灵动是数学学习和应用中不可或缺的一种能力。培养数学的各项思维能力，可以提高学生的数学素养和应用能力，增强其创新意识，提升解决问题的能力。

（七）评价互动

评价互动在联动数学中扮演着重要的角色。通过评价互动，教师可以及时了解学生的学习情况，掌握他们的思考过程。这种双向的反馈和交流有助于教师了解学生的思维方式、困惑和进步之处，从而更好地指导学生。

在评价互动中，教师可以通过提问、讨论和小组活动等形式，激发学生的思考，促使他们主动参与学习。同时，学生之间的互动能够激发新的思路和观点，丰富课堂的内容，形成良好的学习氛围。评价互动还可以帮助学生更好地理解和应用所学知识。通过及时的反馈，学生能够及早纠正错误和改进学习方法，从而提高学习效果。同时，评价互动可以帮助教师了解学生的学习情况，并根据学生的表现调整教学策略，满足不同学情学生的需求，促进个性发展，进而提高学习效果。此外，评价互动能够增强学生的自信心和积极性。当学生获得正面的反馈和鼓励时，他们会更有动力去探索、思考和解决问题。这种积极的学习态度将对他们未来的学习和成长产生积极影响。

评价互动是联动数学不可或缺的一环，对学生的认知结构嵌入起着重要作用。评价互动可以在课堂上进行，如通过小组讨论、问题解答等形式，让学生展示自己的思考过程和解题方法。教师可以根据学生的表现给予针对性的肯定和建议，鼓励他们不断探索和尝试。此外，教师还可以设计一些开放性的评价任务，让学生运用所学知识解决实际问题，通过对解决过程和结果的评价，激发学生的创造力，锻炼其思维能力。

评价互动不仅能评估学生的学习情况，更重要的是能够激发他们的学习动力和兴趣。通过及时的反馈和鼓励，学生能感受自己的成长和进步，从而更加积极主动地参与学习。同时，评价互动可以促进学生之间的合作和交流，培养他们的团队意识和沟通能力。

综上所述，评价互动在联动数学中具有重要的地位和作用。它不仅可以帮助教师了解学生的学习情况，还可以激发学生的学习动力和兴趣，促进其认知结构的嵌入和发展。因此，教师应该重视评价互动的设计和实施，并根据学生的实际情况进行灵活调整和改进。

第二节　联动数学与“综合与实践”教学

十年来，初中数学“综合与实践”的联动教学探索与实施经历了从无到有，解决了数学教与学中的一系列难题，成功改善了单元碎片化、割裂的状态，原有的教学方式中，单元课时的教学目标相对随意，缺乏一条主线将其有机串联。全面的单元整体教学能够帮助教师深入了解本单元在整个学科内容中的地位和作用，并能够通过横纵联结主动地将其与其他单元内容相互关联。通过分析和处理单元内容的课程标准，教师可以提高教学的准确性。这样，教师可以在教学中更好地把握立德树人的本质，为学生的深度学习和素养培养奠定基础，从而更好地履行教育立德树人的根本任务。“综合与实践”联动教学在探索与实践中取得了以下主要成果：

一、提炼了初中数学"综合与实践"联动教学策略

通过研究与初中数学教学策略有关的文献资料，特别是对经典著作的研读，结合《义务教育阶段数学课程标准（2011 年版）》（以下简称《课标（2011 年版）》），笔者从初中数学教育教学的角度出发，经过多年实验与探索，提炼出初中数学"综合与实践"联动教学策略（见图 1 – 3）。"联动"关注大单元的整体联结、同学科的前后关联以及跨学科的多元融合，力求在宽广的背景中把握知识的本质，强调单元化和项目化学习的有机融合，发展学生的核心素养。

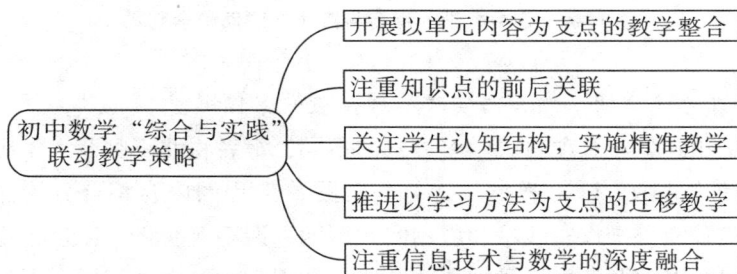

图 1 – 3　初中数学"综合与实践"联动教学策略示意图

二、构建了初中数学"综合与实践"联动教学范式

联动教学是基于《课标（2011 年版）》、教材内容，立足初中生认知发展规律，以单元整体教学纵向和横向联结为教学指向，通过串联单元学习内容和并联其他学科，关联核心素养发展，将问题驱动、思维灵动、评价互动嵌入学生的认知结构之中，关注思维源，搭建关联线，形成知识链，实现动态迁移和生成。基于此，根据教学实际，构建初中数学"综合与实践"联动教学范式，具体如图 1 – 4 所示。

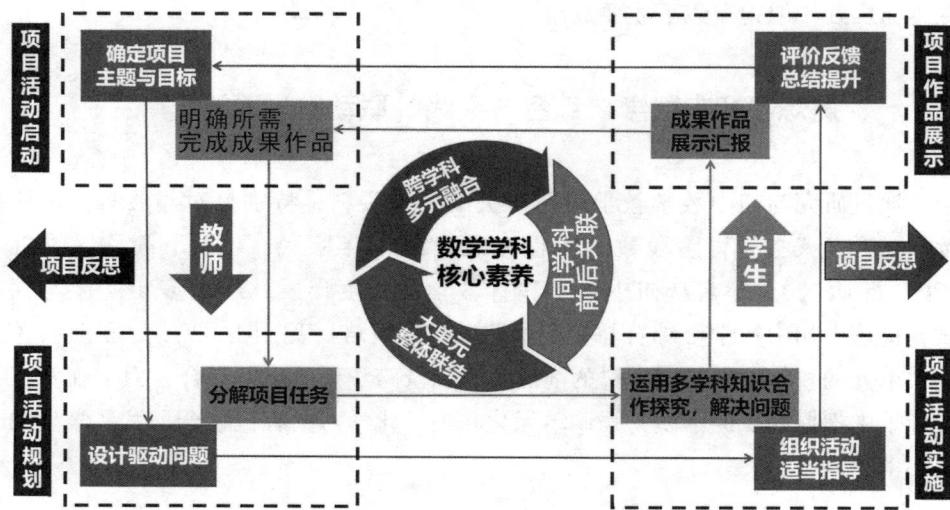

图 1-4　初中数学"综合与实践"联动教学范式

1. 构建可推广的"综合与实践"联动教学课程模型

根据主题式学习和项目式学习方式的不同，笔者将北京师范大学出版社出版（以下简称北师大版）教材"综合与实践"课程的内容整合分为探究实践型、设计实践型、操作实践型和应用实践型四种课型（见图 1-5），主要采用项目式学习，以问题解决为导向，整合所学知识和方法解决问题，促使学生积极参与活动，激发其自主学习、独立思考，开展从浅表学习到深度学习，从而生发智慧，产生力量，落实核心素养的培养。

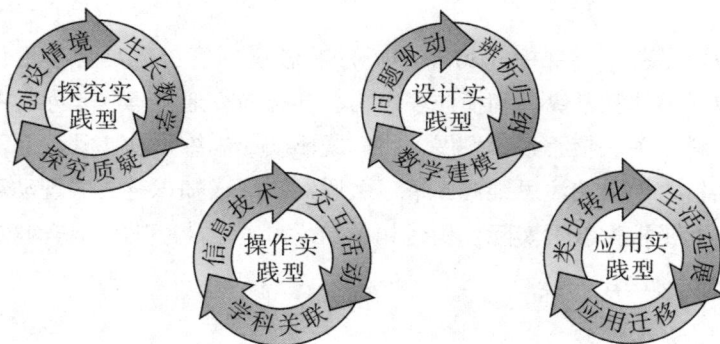

图 1-5　北师大版教材"综合与实践"课程的类型

探究实践型课程可在七至九年级开设，其主要内容有五项，具体如表1-1所示。

表 1-1　探究实践型课程的内容

序号	课例类别	课例名称	建议教学年级
1	探究实践型	制作一个尽可能大的无盖长方形盒子	七年级
2		设计自己的运算程序	七年级
3		勾股定理大揭秘	八年级
4		美妙的黄金分割	九年级
5		猜想、证明与拓展	九年级

设计实践型课程可在七至九年级开设，其主要内容有七项，具体如表1-2所示。

表 1-2　设计实践型课程的内容

序号	课例类别	课例名称	建议教学年级
1	设计实践型	关注人口老龄化	七年级
2		设计自己的运算程序	七年级
3		体育运动与心率	八年级
4		哪个城市夏天更热	八年级
5		池塘里有多少条鱼	九年级
6		视力的变化	九年级
7		哪种方式更合算	九年级

操作实践型课程可在七至九年级开设，其主要内容有六项，具体如表1-3所示。

表 1-3　操作实践型课程的内容

序号	课例类别	课例名称	建议教学年级
1	操作实践型	探索神奇的幻方	七年级
2		七巧板	七年级

（续上表）

序号	课例类别	课例名称	建议教学年级
3	操作 实践型	计算器的运用与功能探索	八年级
4		平面图形的镶嵌	八年级
5		绘制公园平面地图	八年级
6		制作视力表	九年级

应用实践型课程可在八、九年级开设，其主要内容有四项，具体如表1-4所示。

表1-4　应用实践型课程的内容

序号	课例类别	课例名称	建议教学年级
1	应用 实践型	哪一款手机套餐更合适	八年级
2		生活中的"一次模型"	八年级
3		设计遮阳棚	九年级
4		测量旗杆的高度	九年级

2. 挖掘可操作的"综合与实践"联动课堂教学模式

在教学中，综合学生的实际情况，笔者探索出由问题导向、方案设计、项目实施、展示交流和反思评价构成的"综合与实践"联动教学五步教学模式，具体如图1-6所示。

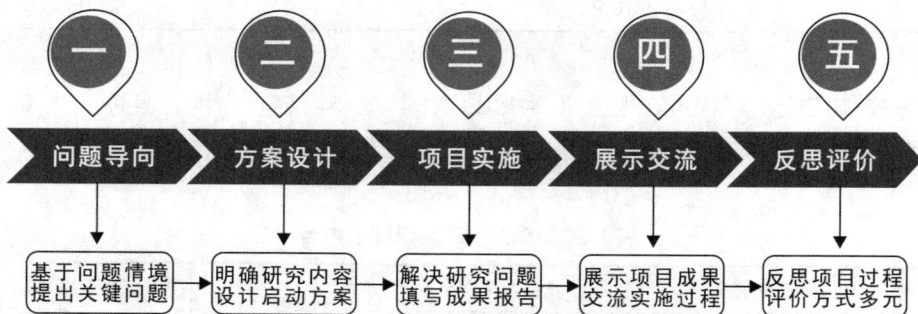

一　二　三　四　五

问题导向　方案设计　项目实施　展示交流　反思评价

基于问题情境
提出关键问题　明确研究内容
设计启动方案　解决研究问题
填写成果报告　展示项目成果
交流实施过程　反思项目过程
评价方式多元

图1-6　"综合与实践"联动教学五步教学模式示意图

以现实问题为导向，学生结合具体情境，设计"学期主题"，教师根据教学实际，设计"单元主题"，而后在课前、课中、课后三个阶段展开教学，具体内容如图 1-7 所示。

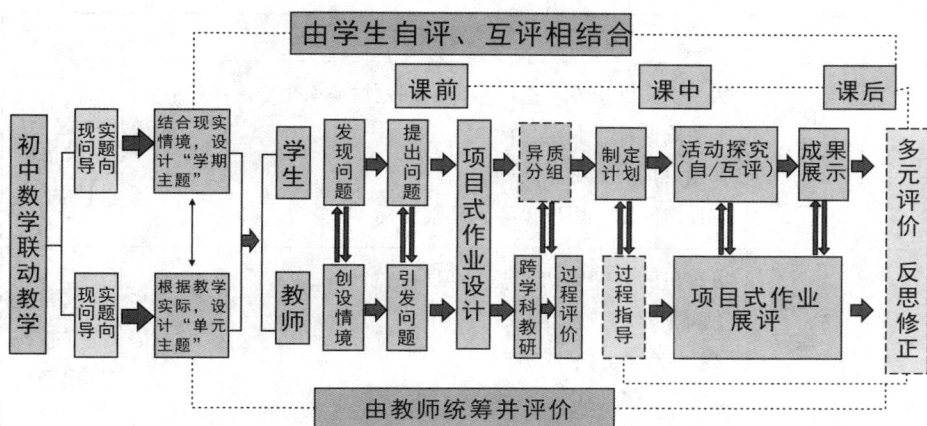

图 1-7 "综合与实践"联动教学教学模式图

3. 构建了可视化的"综合与实践"联动教学学习模型

教学中，教师和学生均用数学的眼光看世界，师生间注重联动互学，教学相长，建立了由导数学、探数学、建数学、融数学和用数学五个维度构成的联动数学学习模型，具体如图 1-8 所示。

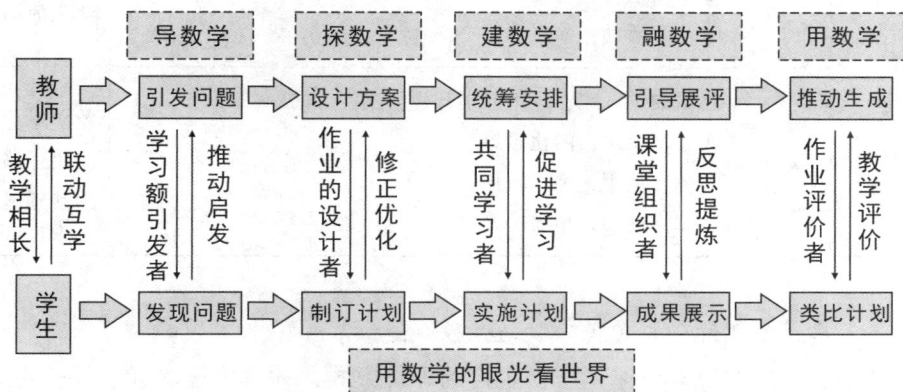

图 1-8 "综合与实践"联动教学学习模型

4．建立了可拓展的"综合与实践"联动课堂教学模型特征体系

"综合与实践"联动课堂教学模型特征体系如表1-5所示。

表1-5　"综合与实践"联动课堂教学模型特征体系

维度	要素	操作要点	评价标准
导数学	课标 目标 情境	从学生实际出发，选取恰当的问题情境引出学习主题： ①明确课标，制定目标 ②创设情境，导入新知 ③提出问题，引发思考，理解课标	理解课标 创设情境 目标导学
探数学	阅读 探究 验证	以聚焦的问题为切入点，开展探究： ①问题驱动，启发点拨 ②探究学习，形成结论 ③合作交流，总结归纳	问题驱动 探究验证 发现经验
建数学	建模 重组 关联	经历知识的形成与应用过程，建立数学模型： ①数学建模，调动内驱 ②重组架构，感悟关联 ③质疑补充，积累经验	纵横联系 辨析归纳 意义建构
融数学	融合 助动 交互	运用信息技术，实现知识与学科的高效融合： ①学科融合，有效关联 ②信息融合，思维可视 ③交互活动，多元评价	信息技术 多元融合 交互活动
用数学	综合 类推 迁移	感悟数学思想，运用数学知识解决实际问题： ①总结反思，内化思想 ②综合运用，类比转化 ③知识迁移，拓展提升	数学思想 应用迁移 生活延展

5．建立了"综合与实践"联动课程评价体系

"综合与实践"教学采用丰富多样的评价方式，评价维度多元、评价主体多样。初中数学"综合与实践"联动课程评价体系主要由总结性评价和形成性评价构成，总结性评价主要利用能力量表测查学生目标达成情况，形成性评价重点关注学生学习过程中能力的构建。以"测量威斯广场公寓大楼的高度"

为例，以"资料收集、加工、整理能力""交流、合作、表达能力""发现问题和提出问题的能力""分析问题和解决问题的能力""撰写报告的能力"为评价内容，分四档评价标准，最终形成总结性评价表（见表1－6）。以"在活动中参与的态度""活动中的知识学习能力、实践能力"为评价指标，结合一系列评价内容，生成形成性评价表（见表1－7）。

表1－6 学生总结性评价表

评价内容	评价标准				得分
	4分	3分	2分	1分	
资料收集、加工、整理能力	能主动通过多种途径搜集资料，分类整理，并根据合理性进行取舍	能利用互联网查找资料、归类整理，但在取舍资料时需求助同学或老师	在他人启发下，能搜集、整理资料	搜集资料目标不清、只能拼凑零散材料	
交流、合作、表达能力	积极主动参与小组讨论，引导组员一起合作，并能发表有价值的观点	乐于思考，能在讨论中发表自己的观点	在他人启发下，能说出自己的观点	在讨论中表现较为被动，没有自己的观点	
发现问题和提出问题的能力	善于思考，能主动提出行之有效的测量方案，并在实际操作中及时调整方案，测出有价值的数据	能提出测量方案，并测出大致数据	在他人启发下，能提出测量方案，但无法测量具体数据	对他人提出的问题，能参与思考	
分析问题和解决问题的能力	能根据数据计算出威斯广场公寓大楼的高度，并能建立模型	能根据数据大致计算出威斯广场公寓大楼的高度	在他人启发下，能计算出威斯广场公寓大楼高度，但结果有误差	需要同学帮助才能勉强完成自己承担的任务	

（续上表）

评价内容	评价标准				得分
	4分	3分	2分	1分	
撰写报告的能力	观点鲜明，语言流畅，能准确说明测量高度的思路及方法	能较好地说明测量高度的思路及方法	报告内容完整，但重点不突出	在他人帮助下，能完成简单报告的撰写	

表1-7　学生形成性评价表

评价指标	评价内容	得分		
		自评	互评	教师评
在活动中参与的态度	认真参加每次活动			
	努力完成自己承担的任务			
	做好资料收集和处理工作			
	主动提出自己的设想			
	乐于合作，能和同学交流，尊重他人			
	实事求是，尊重他人的想法与成果			
	不怕吃苦，勇于克服困难			
活动中的知识学习能力、实践能力	善于提问，乐于研究，勤于动手			
	在"反思"中前进			
	能通过多种途径获取信息			
	能运用已有知识解决问题			
	有好奇心、探索欲			
	能独立思考，自主学习，主动发现问题，提出问题，寻求解决问题的方法			
	能积极实践，发挥个性特长，施展才能			

　　注：评价结果分五个星级。其中，五星表示优秀；四星表示较好；三星表示一般；两星表示尚可；一星表示仍需努力。

三、构建了以初中数学联动教研促区域教育优质发展的模式

多年来，我们坚持在联动教学的理念下开展初中数学课堂教学的改革与创新，在破解学校发展乏力困局、转变学生被动接受的学习方式的同时，通过创新联动教研促进区域教育的优质发展，形成以区域教研创新促进区域教育均衡的发展模式（见图 1-9）。

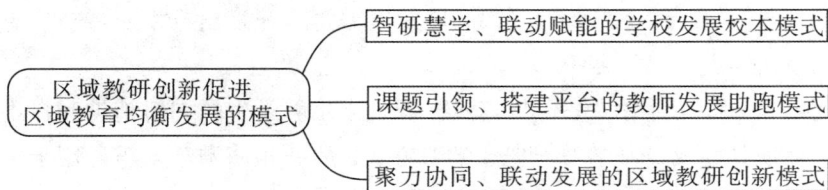

区域教研创新促进
区域教育均衡发展的模式
- 智研慧学、联动赋能的学校发展校本模式
- 课题引领、搭建平台的教师发展助跑模式
- 聚力协同、联动发展的区域教研创新模式

图 1-9　区域教育均衡发展模式

本教学成果在佛山市顺德区沙滘初级中学三个年级进行了十年探索和检验，经过乐从镇教育办公室、陈惠南纪念中学、江义中学、文田中学、里海中学等多所学校的实践，并借助名师送教、课题、论文、讲座、专著、网络媒体等形式向全省范围进行辐射，取得了较好的社会反响。

四、存在的问题及解决方法

（一）存在的主要问题

"综合与实践"是一门新的课程。自新课改以来，我国越来越多的人开始进行"综合与实践"的教学研究，并收效明显。但结合笔者在学校的工作经历，以及平时与教师、学生的交流中发现，"综合与实践"活动在教学实施层面仍然存在一定的困难，并没有达到课程标准中的要求，"综合与实践"实际上课节数不足课程总数的 0.1%。由于教材给出的文字材料很少，教师需要主动开发或二次加工后才能开展教学活动；一线教师在备课时，可参考资源少，备课难度大，耗费时间长；在组织教学时，学生自主活动空间大，动手操作时间长，课堂控制难度大，还会挤占常规教学时间，而考试几乎又不涉及，所以课堂上就不开展。因此，就出现了"教师不教""考试不考""学生不学"的"三不"教学困境。为了解决上述问题，本书选择对初中数学"综合与实践"

教学设计案例进行分析与研究，探究有效的教学模式，为开展"综合与实践"教学积累经验。基于上述情况，我们需要解决下面的问题：

问题 1：如何构建"综合与实践"课程的教学模式，进而促进学生核心素养的发展？

问题 2：在教学实践中开展"综合与实践"课程应采用何种学习方式？

问题 3：在"综合与实践"课程中，应采用何种评价策略以激发学生的兴趣？

问题 4：如何选取适当的、有价值的"综合与实践"素材进行辅助教学？

问题 5：如何结合当地环境和区域发展需要，开发出有本土特色、有实际用处的"综合与实践"课程？

问题 6：如何利用"综合与实践"课程来培养学生的创新精神和自主学习能力，促使其养成良好学习习惯和学习方式，真正地将数学知识运用于生活？

（二）解决方法

通过我们的实践与探索，摸索出初中数学"综合与实践"联动教学的教学路径，并针对每个阶段的实际选择相应的研究方法（见图 1 – 10）。

我们对"综合与实践"联动教学的探索，经历了初步探索阶段、形成阶段、深化阶段和推广应用阶段，每个阶段各有侧重，均取得了一定的成果。

1. 初步探索阶段（2013 年 8 月至 2014 年 2 月）

基于学科育人目标、学科价值及教学中存在的现实问题，我们运用调查研究法，通过研究相关文献，深入调查研究，重新思考课堂建构方向，提出"五维联动学数学"的教学理念，从改进课堂小组合作学习入手，探寻被动学习变为主动探索的策略与方法，破解传统教学"育分不育人"的难题。

2. 形成阶段（2014 年 3 月至 2017 年 7 月）

（1）运用实验研究法、案例研究法，开展五维联动教学法研究，汲取了国内外众多教育理论的精华。其中，奥苏贝尔的"有意义"学习、杜威"从做中学"、建构主义的认知结构理论对教学法的形成与完善有重要的引领作用。

（2）申报区级课题、乐从镇课改研究室，规范研究过程，组建研究团队，对模式的可行性、可靠性和先进性进行实践论证。

（3）加强总结，提炼五维联动教学法教学策略，初步构建了"五维联动学数学"课堂模式的基本框架，研究成果已在重点期刊公开发表。

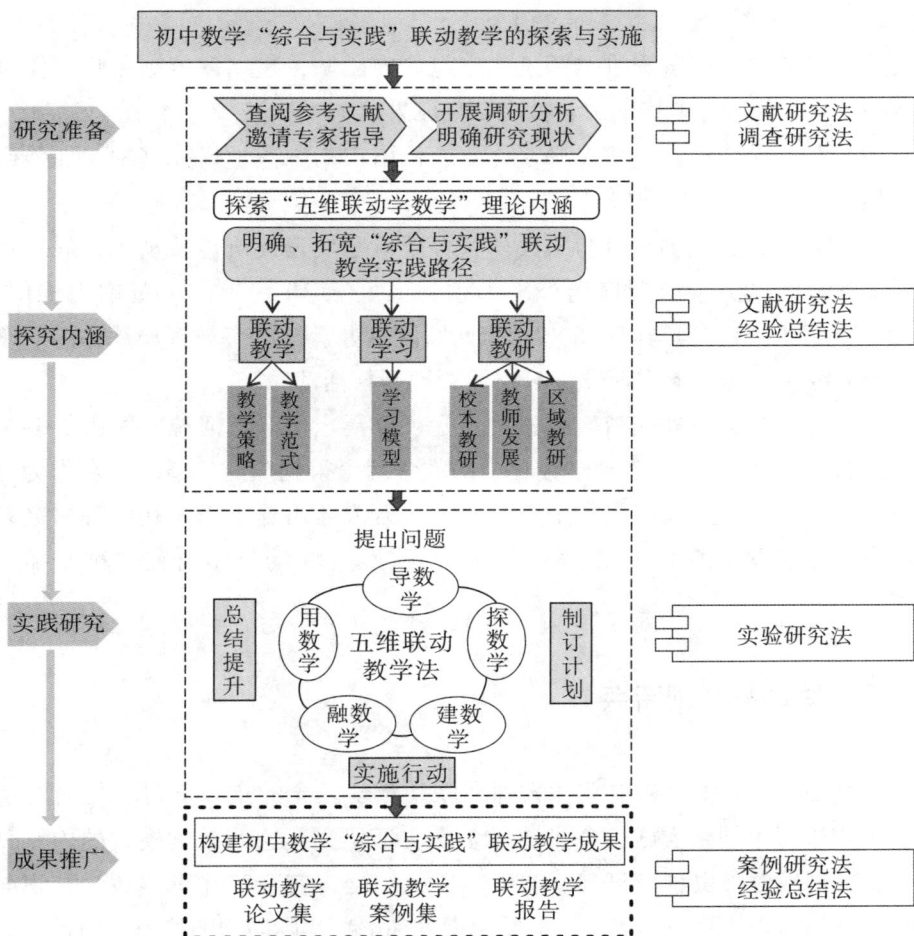

图 1-10 初中数学"综合与实践"联动教学的教学路径

3. 深化阶段（2017年8月至2019年7月）

（1）申报佛山市初中数学研究基地，研究市、区级课题，规范研究过程，与研究团队深化五维联动教学法的实践论证。

（2）运用实验研究法、案例研究法，开展"综合与实践"联动教学法研究，分析研究案例，访谈实验班师生，不断化解本模式的局限性，构建校本教学范式，开展学科活动，总结、深化"综合与实践"联动教学的成果。

（3）课题主持人及成员在佛山市、顺德区等教研会议上对本模式进行专题推介，研究成果在《中学数学研究》《初中数学教与学》《中学教学参考》《理科考试研究》《数学通讯》等期刊上公开发表。

4．推广应用阶段（2019 年 8 月至今）

（1）依托顺德区黄金雄名师工作室等研究团队，建立黄金雄名师工作室微信公众号，扩大专业影响力，推广研究成果。

（2）依托佛山市黄金雄名师工作室、佛山市初中数学研究基地，加强研究成果在佛山市内外的推广。

2021 年 4 月，在佛山市初中数学教育教研基地建设研讨活动中，展示项目式学习案例"测量威斯广场公寓大楼的高度"，并在佛山市范围内推广；2022 年 6 月 16 日，参与由广东省教育研究院主办、云浮市教育局承办的广东省教育研究院"走进粤东西北（云浮）教研帮扶活动"。

（3）不断加强对外交流。应邀到清远、汕尾、茂名、河源、肇庆等多个地市送课、讲学，"五维联动学数学"的教学理念得到广泛传播。笔者作为课题及工作室的主持人以广东省中小学"百千万人才培养工程"初中理科名教师的身份走进粤东与粤西北，将"综合与实践"联动教学研究的种子播向全省。

五、联动教学创新点

在过去的十年里，初中数学教师在联动教学理念的指导下对"综合与实践"课程进行了创新实践研究。通过多次实证研究，这一教学模式的内涵日益丰富，创新效果也日渐显现。初中数学"综合与实践"注重将数学知识与实际问题相结合，旨在培养学生的数学素养和解决实际问题的能力。通过将数学基础概念和原理应用于实际生活，帮助学生更好地理解和应用数学知识。这一教学模式的核心是联动教学，强调数学的整合性和综合性。在实践中，将数学与科学、语言、艺术等学科进行跨学科融合，让学生从多个角度理解和应用数学知识，培养综合能力。学生在这种教学模式下能够主动参与课堂活动，加强学习动力和提高学习积极性。同时，这也有助于培养学生的批判性思维、创新思维和合作精神，提升其问题解决和实操能力。

初中数学"综合与实践"课程的成功实践为中学数学教学模式的变革和创新提供了宝贵经验。它不仅是对教学理念和方法的创新，也是对教育教学改革的积极探索，促进了学生的全面发展和素质教育的实施。展望未来，我们将对初中数学"综合与实践"课程继续进行积极探索和完善，不断丰富其内涵，进一步提升创新效果；也将以此为契机，持续推动中学数学教学的变革和创新，为学生的学习和发展提供更具多样化和有效性的教育资源。

（一）构建高效的初中数学联动教学法

联动数学教学法的核心理念是通过将数学知识与实际问题相结合，培养学生的综合能力和解决问题的能力。它不仅注重数学的概念和算法的教学，而且关注学生在解决问题过程中的思考和探究，培养他们的创新思维和解决现实问题的能力。在联动数学教学法中，教师的角色是引导者和促进者，他们不仅传授知识，还引导学生运用所学的数学知识解决实际问题，培养学生的数学思维和逻辑推理能力。同时，教师鼓励学生开展自主学习和合作学习，创设丰富的学习环境和情境，激发其学习兴趣，调动学习主动性。初中数学联动教学法结构图如图 1 – 11 所示。

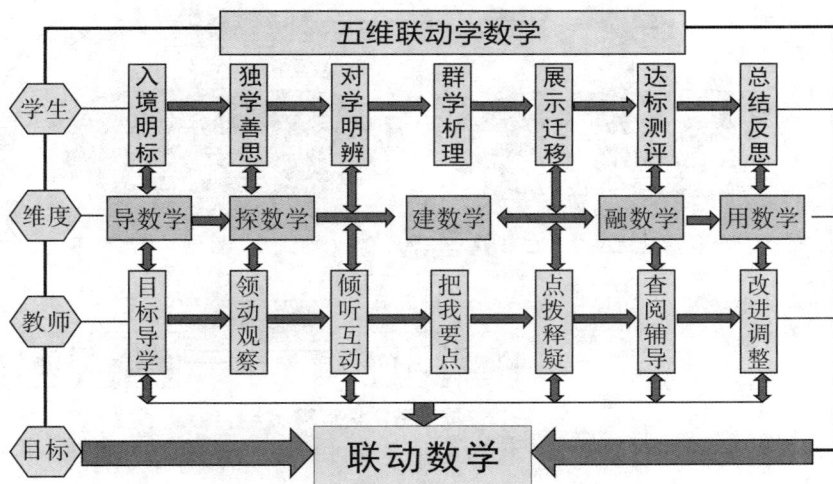

图 1 – 11 初中数学联动教学法结构图

通过联动数学教学法，学生能够在实际问题中发现数学的应用，并将所学知识运用于实际解决方案中。他们主动思考、探索和提问，批判性思维和创新思维得到进一步锻炼。同时，他们能够通过合作与交流，提升团队协作和沟通能力，促进多元智能的综合发展。联动数学教学法的实施能够改变传统单一知识传授的教学方式，打破固化的学科界限，提升学生对数学的兴趣和理解。它将数学融入生活，使学生能够理解数学的实用性和重要性，为他们未来的学习和生活打下坚实基础。

总之，联动数学教学法在培养学生综合能力、创新思维和解决问题能力方面发挥着重要作用。它不仅关注学生对数学知识的掌握，而且注重对学生思维的发展和应用能力的培养，促进学生的全面发展和多元智能的提升。

（二）实现教与学方式的根本转变

通过对传统教学实施联动教学改造，从教走向学，实现了教与学方式的根本转变，更关注"如何学"的方法指导，帮助学生将知识转化为个体的综合学习和问题解决能力。信息技术与课堂教学的深度融合，实现了思维可视化，帮助学生深度理解知识的内在逻辑与本质，运用互联网的大数据进行学情分析，转变教学评价方式，及时调整教学策略，真正做到因材施教，推动初中数学课堂的教学创新与实践转型（见图1-12）。

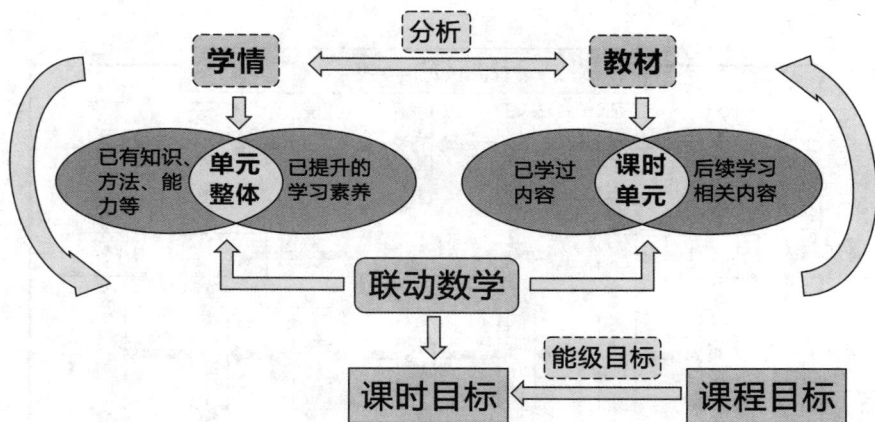

图 1 - 12　联动数学课堂实践

（三）从根本上解决了学生学习动力不足的问题

在传统的教学中，教师负责教，学生负责学，教学就是教师对学生的单向"跟随式"活动。联动教学法则不同，在教学中教师将单元化和项目化学习有机融合，引导学生综合运用不同学科的知识和思想方法解决问题，将学生"跟随式"被动学习方式切换为"掘进式"主动学习模式，让其在实践探究和操作体验中感受数学的应用价值，感知数学文化，体现数学课程的育人价值，培育学生的核心素养。联动数学教学模式如图1-13所示。

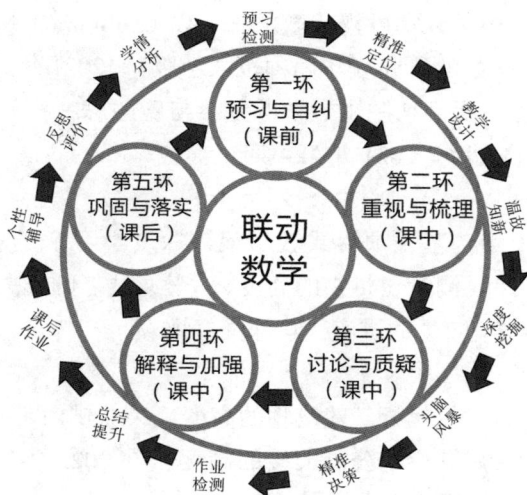

图 1-13 联动数学教学模式

四、成果应用及效果

自笔者于 2013 年提出"'综合与实践'联动"小组合作学习后，在随后进行的深化研究和推广应用的 10 年中，通过"'综合与实践'联动"理念下的课堂教学创新活动，形成了以区域教研创新促进区域教育均衡的发展模式，产生了一系列的成果。

（一）主要成果

1. 论文

《基于深度教学的变式问题设计与分析》发表在重点期刊《中学数学教学参考》2021 年第 26 期。

《挖掘教材资源　提升数学素养》发表在重点期刊《中学数学教学参考》2021 年第 29 期。

《初中数学"综合与实践"课教学策略》发表在《中学教学参考》2022 年第 18 期。

《谈初中数学课堂例题教学的创新设计策略》发表在《中小学数学（初中版)》2022 年第 9 期。

《线上教学给初中数学课堂带来的挑战与启示》发表在《中学教学参考》2021 年第 29 期。

《信息技术下的中学数学可视化教学——以 GeoGebra、几何画板辅助教学为例》发表在《中学数学研究（华南师范大学版)》2021 年第 12 期。

《核心素养视角下提高初中生数学课堂参与度的思考》发表在《中学数学研究（华南师范大学版)》2021 年第 4 期。

2．课程展示

在佛山市 2021 年"基于项目式教学促进深度学习"的教学实践活动中，笔者上了一堂展示课《测量建筑物的高度》，李逸城老师作题为"应用项目学习促进学生'深度学习'"的讲座，均深受好评。

3．获奖情况

项目成果《测量学校旗杆、建筑物的高度》荣获佛山市 2020 年三等奖。

项目成果《测量威斯广场公寓大楼的高度》在 2023 年佛山市中小学、幼儿园项目式学习案例比赛中荣获二等奖。

4．校本教材

编撰校本教材《生活中的数学》，收入相关教学设计、课例及典型案例 22 个。

（二）应用效果

培养学生的核心素养是教育的终极目标。为素养而教、为素养而研是研究的初心，也是研究的目标。"综合"不仅是数学学科知识的综合，还需要各学科知识的综合，"联动"才能更好地发展学生的核心素养。发展核心素养，教师和学生要同频共振，教师也要提高自身核心素养，拓展知识边界，做好学科融合。

在这十年的"综合与实践"联动教学探索下，笔者和团队主要形成了以下发展模式：

1．形成"智研慧学，联动赋能"促进学校发展的校本模式

（1）能够发展学生、成就老师、提升学校；发展和提升学生的综合能力，通过全面教育教学改革实现了立德树人。

（2）连续十年中考各项考核均位居顺德区前十，保持区域领先。

（3）获得上级认可，提升了科组品牌影响力。

沙滘初级中学数学科组被评为佛山市示范教研组、顺德区优秀学科组、乐从镇优秀科组，顺德区毕业年级优秀备课组。

2．形成"课题引领、搭建平台"推动教师发展的助跑模式

以课题研究为抓手、名师工作室为平台，笔者主持了联动教学视角下的一

系列课题：省级课题有"指向高阶思维的深度学习策略研究""初中数学综合实践课程实践研究"；市级课题有"基于网络研修的名师工作室建设策略研究""信息技术与初中数学深度融合策略研究"；区级课题有"初中数学例题教学有效探究""初中数学综合实践活动课教学策略研究"，其中"信息技术与初中数学深度融合策略研究"荣获佛山市教学二等奖，系列课题研究推动了教师发展，丰富了五维联动学数学的内涵。

通过参加"综合与实践"联动教学法的实践研究，笔者被评为广东省中小学"百千万人才培养工程"初中理科名教师、佛山市名教师、顺德区首席教师、佛山市基础教育名师工作室主持人、顺德区黄金雄名师工作室首席主持人，周伟萍、林伟、杨健梅成长为顺德区名教师，钟小玲、潘孔祥、张玮、宋高阳、陈文姝、李逸城等成长为市、区优秀青年学科教师，潘孔祥、黄启勇、唐开杨、吴龙飞等一大批教学新秀在五维联动教学实践中成长为顺德区业务骨干教师。黄艳珠、张玮、钟小玲、关玉萍、赖静纯、邓婉怡等 16 位老师执教的五维联动教学课例、说课和教学设计等荣获广东省二、三等奖，其中，钟小玲老师获全国二等奖。联动教学视角下的 20 多篇教研论文得以公开发表，其中重点期刊两篇，笔者出版专著《谈学品教——初中数学教与学的创新实践》。

3. 形成了"聚力协同、联动发展"提升区域教研的创新模式

在顺德区乐从镇教育办的领导下，乐从镇教师从 2010 年开始一直参与联动教学实践法的研究。教师们一方面通过定期开展有效的教研活动，以"联动教学"教学策略指导"改课"；另一方面，基于联动教学理念开展初中数学与信息技术、"综合与实践"等课程的融合，镇域教育教学质量和育人环境均得到整体性提高。

教师们以名师工作室活动为载体，以教学改革创新为契机，以项目研究为抓手，将学习、研究、交流常态化，通过学习推动研究，在研究中构建特色，在交流中共享智慧，在共享中促进发展。让每个教师都能实现个人价值，获得职业成长，成为学习型、研究型、专家型、有个人教学特色的教师。沙滘初级中学多次承担省级、市区级公开课及讲座，与区内外学校保持良好合作交流关系。

十年来，从初中数学"综合与实践"联动教学学习模式，到联动理念下初中数学课堂教学创新研究，经过大量的实验验证和持续发展，内涵不断丰富，受到了学生、家长的普遍欢迎，得到了教师和学校的认可。联动数学教学理念和教学范式得到广泛传播，学科上从数学辐射到语文、物理、化学等其他学科，地域上从佛山市内辐射到市外、省内外。

第二章　初中数学"综合与实践"教学概述

初中数学学习并非只注重理论知识的掌握，更要重视"综合与实践"这一重要内容。"综合与实践"是学生掌握数学知识和应用能力的关键环节。为了使大家更好地了解初中数学，本章将对"综合与实践"课程的相关内容进行详细介绍。

首先，"综合"是将数学中的不同概念、方法和技巧整合的过程。初中数学的学习不仅涉及代数、几何、函数等多个学科内容，还涉及跨学科融合。"综合"的目标是让学生能够灵活运用不同的数学知识解决问题，从多个角度分析、理解和解决数学问题。

其次，"实践"是将数学知识应用到实际生活中的过程。初中数学的学习不仅仅是为了应付考试，更重要的是学会将数学知识应用于日常生活中，解决实际问题。通过实际应用，关联核心素养的发展，学生可以将抽象的数学知识与实际问题相结合，培养解决问题的能力和创新思维。

"综合与实践"在初中数学中扮演着重要的角色。通过综合学习，学生可以更全面地掌握数学的知识体系，理解数学的内在联系，提高解决问题的能力。而通过实践应用，学生可以将数学知识活学活用，发现数学在实际问题中的应用价值，培养学习兴趣，提升实践能力。

"综合与实践"是初中数学学习过程中不可或缺的一部分。通过系统的综合学习和实践应用，学生不仅可以提高数学成绩，而且可以培养综合思考、问题解决和创新思维的能力。

第一节　背景

信息化、全球化和多元化的时代一定程度上对教育提出了新要求，传统的数学教学方式往往偏重于理论知识的传授和应试技能的锤炼，或多或少会难以满足学生综合素养和实践能力的培养需求。

传统的数学教学停留在课本内容的讲授上，与现实生活的联系较为薄弱。而初中数学"综合与实践"教学通过引入现实生活中的问题和情境，将数学知识应用于实际生活和解决实际问题。这种教学方法旨在培养学生的综合思考能力、批判性思维能力和创新能力，《义务教育数学课程标准（2022年版）》（以下简称《课标（2022年版）》）指出："初中阶段综合与实践领域，可采用项目式学习的方式，以问题解决为导向，整合数学与其他学科的知识和思想方法，让学生从数学的角度观察与分析、思考与表达、解决与阐释社会生活以及科学技术中遇到的现实问题，感受数学与科学、技术、经济、金融、地理、艺术等学科领域的融合，积累数学活动经验，体会数学的科学价值，提高发现与提出问题、分析与解决问题的能力，发展应用意识、创新意识和实践能力。"在初中数学"综合与实践"教学中，学生不仅要掌握数学的基本概念和技巧，还要能够将数学知识与现实情境相结合，解决实际问题。这样的教学方式能够培养学生的实际应用能力、解决问题的能力和团队合作意识，更好地满足社会对于人才的新需求。

初中数学"综合与实践"教学的目的是培养具有创新思维和实践能力的学生，使其具备面对复杂问题、应对挑战的能力。通过教师在实际问题和情境中的引导，学生能够主动探索、思考和解决问题，逐渐形成结构化的数学思维。

首先，初中数学"综合与实践"教学能够激发学生对数学学习的兴趣和动力。与传统的抽象概念和公式记忆相比，"综合与实践"将数学与实际问题相结合使学生充分感受数学的实用性，进而培养他们的学习兴趣。

其次，通过实践性教学，学生能够在解决实际问题的过程中培养自己的思维能力和创新意识。他们需要思考和分析问题，运用数学知识和技能进行推理和解决问题，从而培养批判性思维和创造性思维。

再次，通过实际操作和实践探究，学生能够更深入地理解和掌握数学知识，提高数学的实际应用能力。

最后，通过解决真实问题，学生能够在实际生活中体验到数学的应用价值，从而体会学习的意义和加强学习动力。

初中数学"综合与实践"教学是对传统数学教学方式的一种重要补充和改进。它能够使学生更好地理解和应用数学知识，培养综合素质和实践能力，以适应日益变化的社会需求。因此，初中数学"综合与实践"教学逐渐受到广泛关注，成为教育改革发展的重要方向之一。它能够为学生的终身学习和发展提供坚实的基础，并培养出具有创新精神和实践能力的人才。

第二节　核心概念

一、综合与实践

《课标（2011 年版）》指出，"综合与实践"是一类以问题为载体、以学生自主参与为主的学习活动，该课程应当保证每学期至少一次，可以在课堂上完成，也可以课内外相结合。《课标（2022 年版）》指出，"综合与实践"的目标是培养学生综合运用所学知识和方法解决实际问题的能力。具体而言，"综合与实践"根据不同学段学生特点，以跨学科主题学习为主，小学阶段主要采用主题式学习的方式，将知识内容融入主题活动中；初中阶段可采用项目式学习的方式，通过设置情境真实且较为复杂的问题，引导学生综合运用数学学科和跨学科的知识与方法解决问题。

本书中的"综合与实践"课程限制为初中阶段的数学课程，依据《课标（2022 年版）》的要求，采用跨学科项目式学习的方式开展，"以问题为载体"，就是要引导学生利用生活经验和已有知识，发现问题，提出问题，分析问题，解决问题。"综合与实践"活动如果没有以问题为载体，那么就不能体现活动的中心，也就不是一项"综合与实践"活动。"以学生自主参与为主"，是说学生要自主利用所学知识寻找课题，自主探究解决方案，自主参与活动实施，突出主动性。在"综合与实践"活动过程中，要求学生根据活动主题运用"数与代数""图形与几何""概率与统计"等领域的知识和方法解决问题。

二、初中数学"综合与实践"活动

初中数学"综合与实践"活动作为课程内容标准的一个重要内容，内容的增加并不是在其他三个领域（"数与代数""图形与几何""概率与统计"）知识之外增加的新内容，而是强调数学知识的整合性、实用性，更注重与其他知识的联系。这不仅有利于培养学生将知识应用到实际生活中的能力，也可以使新的数学课程具有一定的弹性和开放性。

1. 校本化研究

校本教学研究，即校本教研，是为了改进学校的教育教学，提高学校的教育教学质量，围绕学校的发展目标，从学校实际出发，依托学校自身的资源优势、办学特色而进行的教学研究。校本教研是以学校为核心力量。一方面，学校要有明确的发展目标，对自身的实际状况有正确且清晰的认识，在此基础上构建根基扎实、方向明确的学校教研工作体系；另一方面，学校要调动教师的热情，集聚教师的研究力量，激发教师的创造力，让教师成为教研工作的主体，确保教研工作开展的广度和深度。

2. 初中数学"综合与实践"教学的校本化研究

初中数学"综合与实践"教学的校本化研究是指基于学校自身的教师和学生资源，借助学校积累的教学经验和教研优势，结合初中数学"综合与实践"教学的实际情况而进行的一项校本教学研究。

初中数学的"综合与实践"活动是一种项目式学习方法，旨在培养学生的综合能力和数学思维能力。这种学习方法注重将数学知识与实际问题相结合，通过实践活动来提高学生的数学应用能力和解决问题能力。在"综合与实践"活动中，学生将通过对真实世界问题的观察、研究和分析，运用数学知识和技能来解决问题。这些活动通常涵盖各个数学领域，包括代数、几何、数据分析等，在这些活动中，教师扮演着指导者和引导者的角色，引导学生运用数学知识和思维方法来解决实际问题，并促进学生开展自主学习和合作学习。通过初中数学的"综合与实践"教学，学生将能够更好地理解和应用数学知识，提高解决问题的能力，并培养学科综合能力和信息素养，为将来更深入的学习和生活实践奠定基础。

第三节　理论基础

初中数学"综合与实践"教学是一种注重学生主动参与、合作学习、实际操作和解决问题的教学方式，其目的是培养学生的创新意识和实践能力，提高数学素养和解决问题的能力。本节将介绍初中数学"综合与实践"教学的理论基础，包括建构主义学习理论、多元智能理论、实用主义教育思想、生活教育理论、信息加工理论、最近发展区理论、数学建模思想等。

一、建构主义学习理论

建构主义学习理论认为，学习不是简单的知识传递过程，而是学习者主动建构自己知识体系的过程。在学习过程中，学习者需要发挥自己的主动性，通过探究、合作和反思等方式，发现新知识，解决新问题。建构主义学习理论在初中数学"综合与实践"教学中强调学生的主动性和建构性，教师需要创设有利于学生探究和合作学习的情境，引导学生自主构建数学知识体系，培养学生的创新意识和实践能力。

二、多元智能理论

多元智能理论认为，人的智能是多元化的，包括数学智能、语言智能、音乐智能、运动智能等方面。在初中数学"综合与实践"教学中，教师应该关注学生的多元智能发展，设计多样化的教学内容和方法，激发学生的学习兴趣和积极性。例如，教师可以利用数学建模、数学实验等教学方式，培养学生的数学智能；通过阅读、写作等教学方式，培养学生的语言智能；通过小组合作、集体讨论等方式，培养学生的合作精神和社交智能。

三、实用主义教育思想

实用主义教育思想认为，教育应该与生活实际相结合，通过解决生活中的实际问题来培养学生的应用能力和创新精神。在初中数学"综合与实践"教学中，教师应该将数学知识与生活实际相联系，引导学生通过解决生活中的实际问题来理解和掌握数学知识。例如，在教授几何知识时，教师可以通过引导学生制作几何模型、测量和计算等方式，培养学生的空间观念和实际操作能力。

四、生活教育理论

生活教育理论认为，教育应该与生活实际相联系，通过解决生活中的实际问题来培养学生的应用能力和创新精神。

在初中数学"综合与实践"教学中，教师应该将数学知识与生活实际相联系，引导学生通过解决生活中的实际问题来理解和掌握数学知识。例如，在教授函数知识时，教师可以引入生活中的例子，如购物打折、投资收益等，让学生通过解决这些实际问题来理解和掌握函数的概念及其应用。

五、信息加工理论

信息加工理论认为，学习过程是一个对信息进行加工处理的过程。学习者接收信息后，经过一系列的加工处理，将信息转化为自己的知识。在初中数学"综合与实践"教学中，教师应该引导学生对数学知识进行深层次的理解和加工处理，将数学知识融入并转化为自己知识体系的一部分。

六、最近发展区理论

最近发展区理论认为，学生现有水平和潜在水平之间存在一个最近发展区。在初中数学"综合与实践"教学中，教师应该了解学生的现有水平和潜在水平，设计适合学生的教学内容和方法，帮助学生跨越最近发展区，提高自己的数学能力和教学思维水平。

七、数学建模思想

数学建模思想认为，通过建立数学模型可以解决实际问题。在初中数学"综合与实践"教学中，教师应该引导学生将实际问题转化为数学问题，建立相应的数学模型，并运用数学知识解决这些模型，培养学生的数学应用能力和创新精神。

因此，在初中数学"综合与实践"教学中，教师应当重视"四基""四能"，落实"三会"，结合教学内容和学生实际设计有意义的问题，积极探索有效的教学方法和手段，引导学生通过观察与分析将实际问题转化为数学问题，并运用所学知识解决这些问题，实现问题解决在初中数学"综合与实践"教学中的最佳教学效果，从而培养学生发现问题、分析问题和解决问题的能力以及创新意识，达到学以致用的目的。

第四节　课程特点

"综合与实践"教学活动是《课标（2022 年版）》中课程内容的重要组成

部分，不仅对学生掌握理论知识产生很好的巩固与实践效果，而且对学生能力的提升，尤其是灵活应用理论知识的能力，学生的问题意识、探究意识、创新意识与应用意识，科学精神和科学态度以及学生的综合素质等都产生很大影响。初中数学"综合与实践"活动具有以下特点：

一、融合不同数学领域

在"综合与实践"教学活动中，学生需要运用不同领域的数学知识和技能来解决实际问题。这包括代数、几何、概率与统计等数学知识，从而促使学生形成在实际问题中综合运用不同数学概念和方法的意识和能力。

二、强调问题解决

"综合与实践"教学活动的核心是真实的问题或情境。学生需要通过观察、探究、假设、验证等过程来解决问题，培养其问题解决能力和思维能力。

三、注重实际应用

"综合与实践"教学活动与实际生活和社会实践紧密关联，旨在帮助学生理解数学在实际生活中的应用价值。学生可以通过活动，体验数学知识在解决日常问题和实际情境中的作用和意义。

四、强调实践操作

学生需要进行实际测量、数据收集与处理、模型构建等操作，通过实际操作来加深对数学概念和原理的理解。这有助于学生将抽象的数学知识与具体的操作相联系。

五、鼓励合作与交流

在"综合与实践"教学活动中，学生常常需要以小组形式合作，共同解决问题和完成任务。这培养了学生的合作能力、沟通能力和集体协作意识，他们在合作中相互学习，促进共同进步。

六、提倡自主学习

学生在活动中扮演主动学习者的角色，通过自主探究和自我发现来学习。教师在活动中既是指导者，也是引导者，激发学生的兴趣和学习动力，并提供必要的支持。

综合来看，初中数学"综合与实践"教学活动的特点在于融合不同数学领域、强调问题解决、注重实际应用、强调实践操作、鼓励合作与交流以及提倡自主学习。这种学习方式能够培养学生的综合能力、问题解决能力、实际应用能力和合作精神，使数学学习更加深入、有趣和实用。

第五节 项目式学习

一、项目式学习的内涵

项目式学习由美国的巴克教育研究所提出，认为其是一种更为系统的教学方法，强调研究过程的复杂性和项目问题的真实性。项目成果需要学习者精心设计，项目任务需要认真完成。这样学习者才能在整个过程中获得必要的知识和技能。国外学者也对这一主题进行了深入研究，他们中的许多人强调了组织项目包括设置指导性问题，组成小组进行合作学习，整合资源和工具来解决问题，最后展示作品。

本书结合数学的"综合与实践"课程特点以及项目式学习的定义，认为：项目式学习是以课程标准为基础，以数学知识和核心素养为核心，以学生的学习兴趣为导向，在教师的指导和支持下，学生为一个项目收集资源，为项目制订解决方案，解决问题，并在真实情境或学习和教学活动中，生成项目成果。

二、项目式学习的特点

1. 注重综合性与实践性

从《课标（2022 年版）》对"综合与实践"领域的阐述中不难发现，这一领域没有本领域所要学习的数学知识，而是强调了综合性，包括知识的整合以及思维和方法技能的整合，也包括数学与现实生活、与其他学科的联系。知识的整合体现在数学内部不同知识领域的整合、数学与其他学科的整合。数学与其他学科以及生活有着许多联系，综合性和实践性内容的整合使数学更接近生活和其他学科。除了注重综合性外，初中数学"综合与实践"还强调实践，特别是实际问题，以此促进学生在真实背景下探索、理解、反思，从而提升学生创新意识和实践能力。

2. 注重灵活性与开放性

由于不同学校所处环境不同，所掌握的智力资源和物质条件不同，学生的兴趣和认知水平不同，所以项目开发与设计、项目的组织、项目的实施过程、工具的选取和结果的展示方式等都会有所不同。如前所述，初中数学"综合与实践"课程的项目具有综合性与实践性，这就意味着项目内容不仅涉及学校内不同学科，还可能关涉初中阶段教学大纲接触不到的内容。比如，《课标（2022 年版）》的案例"体育运动与心率"，涉及教学大纲中利用信息技术手段处理数据和呈现数据分析结果，利用医学知识设计研究方案，利用科学研究方法收集数据等。为顺利解决问题，需要学生借助个人的社会资源寻找医生，需要学生能够利用网络自主学习，掌握数学建模工具和科学研究方法等。

3. 注重学生主体性

在传统的课堂上，教学方法通常是以讲授为主，学生被动获得知识，以背诵与记忆为主，学生的主体性难以发挥。与讲授法相比，项目式学习关注学生的真实需求，教师作为指导者，期望学生在真实的教学环境中进行调查、思考、交流，获得真实的经验。同时，在基于项目的学习中，任务来自现实世界，所以学生熟悉由真实需求产生的挑战，并理解学习的目的不只是应对考试，而是指向真实的生活。这在一定程度上激发了学生的学习动力。

4. 注重学生的独特性

在基于项目的"综合与实践"活动中，学生作为项目式学习的主体，需要充分考虑他们的个性和特点。教师在制订课程目标时，尽量考虑每个学习者的需求和特点。学生在解决问题时，要有自己思考和判断，选择合适的方法解决问题，制订项目方案，展示和交流成果，积极参与问题探索的全过程。因此，要给学习者足够的空间来探索问题。

第六节 主题式学习

一、主题式学习的内涵

初中数学"综合与实践"主题式学习是一种注重学科知识与实际问题相结合的教学模式。传统的数学教学往往侧重知识的传授和记忆，缺乏对学生实际应用能力和综合思维的培养。而"综合与实践"主题式学习通过将数学知识与实际生活、科学、社会等相结合，以主题为纽带，培养学生的实际问题解决能力和创新思维。

在初中数学"综合与实践"主题式学习中，教师会选择一个贯穿数学内容始终的主题，如环保、旅游规划、金融管理等，通过引入跨学科的知识和实践活动，使学生能够将数学知识应用到实际问题中，并与其他学科相联系展开综合思考和探索。这种教学模式能够激发学生的学习兴趣，提高数学知识的应用能力和解决实际问题的能力。

在初中数学"综合与实践"主题式学习中，学生将参与各种实践活动，如实地考察、调查研究、模拟演练等，通过实际问题的解决来理解和应用数学知识。学生将积极参与团队合作，并通过与他人合作解决问题，培养沟通合作能力和创新思维。

通过初中数学"综合与实践"主题式学习，学生能够更加深入地理解数学知识的本质和应用场景，提高解决实际问题的能力和思维能力。这种学习模式有助于培养学生的综合素养、跨学科思维和创新意识，为其未来的学习和发展奠定坚实基础。

二、主题式学习的特点

与传统的数学教学相比，"综合与实践"主题式学习更关注学科知识与实际情境的结合，以主题为线索展开教学活动。该教学模式的核心特点包括以下几个方面：

1. 综合性思维培养

该教学模式鼓励学生进行跨学科思考和融合，将数学知识与其他学科相结合，培养学生的综合素养和跨学科思维能力。

2. 实践活动引入

通过实地考察、调查研究、模拟演练等实践活动，引导学生将数学知识应用到解决实际问题的过程中，增强他们解决实际问题的能力。

3. 主题为纲

在该教学模式下，教师会选择一个主题作为教学的纲领，通过主题的引入，激发学生的学习兴趣和主动性，使他们能够在实际问题中体验和应用数学知识。

4. 合作学习强调

学生在初中数学"综合与实践"主题式学习中，通常以小组合作的方式参与实践活动和问题解决过程，这在潜移默化中培养了他们的团队合作能力和沟通协作能力。

通过初中数学"综合与实践"主题式学习，学生能够更加深入地理解数学知识的应用和意义，同时培养合作能力、创新思维和解决问题的能力。这种教学模式有助于激发学生的学习兴趣和积极性，提高其学习效果和学科素养，为未来的学习和发展奠定坚实基础。

综上，初中数学"综合与实践"主题式学习是一种注重将数学知识与实际问题相结合的教学模式。它通过引入实践活动和跨学科综合思考，培养学生的实际问题解决能力和创新思维，提高应用数学知识的能力，促进学生全面发展。

第七节　课程标准对初中数学"综合与实践"的要求

《课标（2022 年版）》对初中阶段的"综合与实践"教学提出明确的要求：初中阶段"综合与实践"领域，可采用项目式学习的方式，以问题解决为导向，整合数学与其他学科的知识和思想方法，让学生从数学的角度观察与分析、思考与表达、解决与阐释社会生活以及科学技术中遇到的现实问题，感受数学与科学、技术、经济、金融、地理、艺术等学科领域的融合，积累数学活动经验，体会数学的科学价值，提高发现与提出问题、分析与解决问题的能力，发展应用意识、创新意识和实践能力。对于每个学段，《课标（2022年版）》都列举了主题活动和项目式学习的示例名称以及具体的活动内容，并详细列出每个主题活动的内容要求、学业要求和教学提示。主题活动被进一步划分为两类："融入数学知识学习的主题活动"和"运用数学知识及其他学科知识的主题活动"。项目式学习的设计则以解决现实问题为重点，通过综合应用数学和其他学科的知识来解决问题，让学生体会数学知识的实际价值，并理解数学与其他学科之间的关联性。

针对初中阶段，《课标（2022年版）》指出，可以选择采用项目式学习的方式来进行"综合与实践"的教学。项目式学习的关键在于发掘合适的项目，需要关注以下几个关键要素：首先，问题是现实的；其次，问题涉及跨学科的内容；再次，学生能否提出问题并解决问题；最后，解决问题的过程中要注重数学计算和数学表达的应用。

在当前的数学教学改革中，上述需要关注的问题成为一项新的课题。课程实施与教学建议特别强调要加强"综合与实践"的教学活动，其中以解决实际问题为核心，以跨学科主题学习为主导，以真实问题为载体。

具体而言，项目式学习的目标是引导学生发现、解决现实问题的关键要素，用数学的思维分析要素之间的关系并发现其中的规律，培养学生的模型观念，让他们经历发现问题、提出问题、分析问题和解决问题的过程，从而培养学生的知识应用意识和创新意识。项目式学习的教学活动要引导学生提出合理的假设、预测结果、选择适当的数学方法，并清晰地认识用数学模型表达条件与结果之间的关系。同时，要利用真实的情境来检验和修正模型，形成物化成果，包括项目产品、小论文或研究报告等。项目式学习的评价内容主要包括：学生对真实情境中问题的理解程度，用数学语言表达问题的适当性，结果预测的合理性，解决问题的实施方案的关注程度，解决问题过程中的思考、交流与创意表现能力。此外，还需要考虑项目研究成果的质量。

《课标（2022年版）》给出了一些具体的案例作为参考，如"体育运动与心率""绘制公园平面地图""国内生产总值GDP调研"。这些案例充分体现了跨学科的主题和将数学与生活相融合的特点。尽管这些案例较为详细，但数量相对较少。因此，本书将以此为基础进行拓展和深化，一方面尝试拓展案例的广度和深度，另一方面探索提供类似的跨学科主题项目式学习的案例。

第八节　功能和意义

对于初中生来说，学习数学的目的不仅仅是通过考试，更重要的是培养思维能力和解决实际问题的能力，以及促进核心素养的发展。"综合与实践"活动是数学课程内容中重要的组成部分，不仅对学生掌握数学理论知识产生很好的巩固与实践效果，而且对学生能力的提升，包括培养学生的问题意识、探究意识、创新意识与应用意识，科学精神和科学态度以及提高学生的综合素质均产生很大的影响。

数学作为一门学科，不仅具有自身的知识体系，而且是一种重要的思维工具。学习数学可以培养学生的逻辑思维、分析问题的能力以及抽象思维和推理能力。通过数学的学习，学生能够训练思维的敏锐度和逻辑的严谨性，培养批判性思维和创新能力。这种思维能力的培养对学生的全面发展和未来的学习与职业发展至关重要。

除了思维能力的培养，数学还有广泛的实际应用。学习数学可以帮助学生发展解决实际问题的能力。数学与实际问题相结合，能够帮助学生理解数学的实际意义和应用价值，并将所学的数学知识应用到实际生活中。通过实际问题的解决过程，学生能够体验数学知识的应用，加深对数学概念和原理的理解。这种实践性学习不仅提高了学生的学习兴趣和动力，还培养了他们解决实际问题的能力，为其未来面对各种挑战做好准备。因此，"综合与实践"作为初中数学教育的教学模式和学科理念，具有重要的意义。

一、培养学生的问题意识、探究意识、创新意识和应用意识

在"综合与实践"教学中，能够培养学生的问题意识、探究意识、创新意识和应用意识。通过各种活动和任务，教师引导学生将所学的数学知识应用到实际情境中，理解其实际应用和价值。学生通过实际问题的解决，能够灵活运用所学的数学方法和技巧，解决生活中的实际问题，同时能够了解跨学科领域中的迁移应用。

1. 通过现实情境的观察过程，培养学生问题意识

通过"综合与实践"教学活动，学生学会观察和分析现实生活中的情境

和现象，发现其中存在的问题和困难。在提出问题的基础上，他们能够主动思考，并进一步深化对数学知识的理解和应用。

2. 通过实际问题的探究过程，培养学生探究意识

学生需要收集和整理相关数据和信息，并探索其中的规律和关联。这种探索性学习鼓励学生自主思考、提出假设，并通过实际操作、实验和验证来获取实践经验，培养学生的探究精神。

3. 通过实际问题的解决过程，培养学生的创新意识

学生在解决实际问题的过程中，需要运用已学的数学知识和技能，通过不同的思维方式和方法，提出新颖的解决方案。这种创新性思维使学生从不同角度思考问题，发现问题中的潜在机会，并以创造性的方式解决问题。

二、提高学生搜集、分析和利用数据的能力

在活动中，学生需要从多方面获取数据信息，对数据进行处理和分析，提取有效信息，并应用于解决问题中，进一步提高数据信息处理能力。

1. 学生需要积极主动地多获取数据信息

学生可以使用调查问卷、实地观察、实验数据等多种方式来收集数据，同时需要学会有效地筛选和评估数据信息的可靠性和适用性，以确保收集的数据具有准确性和实用性。此外，学生需要具备处理和分析数据信息的能力。他们需要学会对收集的数据进行整理、归类、图表展示和统计分析，以发现数据之间的关联和规律。通过对数据信息的深入处理和分析，学生能够更好地理解问题的本质，并为解决问题提供具体和有针对性的解决方案。

2. 学生需要学会将得到的有效数据信息用于问题解决中

学生需要将所学的知识与收集到的数据信息结合起来，找到最适合的数据处理方法和策略来解决问题。通过将数据信息应用于实际问题的过程，学生不仅能够巩固已学知识，还能够培养解决问题的能力，提升创新思维。

3. 学生需要培养数据观念以提高综合素养和问题解决能力

综合素养和问题解决能力的培养对学生的学习、职业发展和未来生活都具有重要意义。具备良好的数据信息处理能力的学生能够更加准确地分析和利用数据信息，以更高效和更具创造性的方式解决问题，并做出明智的决策。

可见，通过活动来提高学生的数据信息处理能力和观念至关重要。学生需要从多方面获取数据信息，掌握数据信息处理和分析的技巧，并将筛选的有效

数据信息用于问题的解决。通过这样的实践，学生能够培养出更加全面和灵活处理数据信息的能力，为他们未来的学习和职业发展打下坚实基础。

三、培养学生自主参与探究的能力

通过"综合与实践"活动，学生有机会培养自主学习和主动参与探究的能力，这些活动要求学生自主参与，包括从问题的提出到方案的设计和执行的全过程，并获得真实的探索研究经验。

1. 学生成为自主的学习者

学生通过思考问题、提出解决问题的思路和方法，培养自身的批判性思维和创新能力。他们需要通过独立思考和运用设计实验、观察等探究方法，以达到解决问题的目标。在自主学习过程中，学生的求知欲望会得到激发，他们可以在自己的学习节奏和兴趣驱动下更好地开展探究。

2. 学生主动参与探究过程

学生需要积极收集相关资料，设计实践方案和执行实验等。全过程中，学生的主动参与可以培养其观察力、实验能力和解决问题的能力。通过主动参与，学生能够更好地理解理论知识，掌握与实际情境相适应的问题解决方法。

3. 学生能够获得真实的探索研究经验

这些活动通常与实际问题和情境紧密相关，帮助学生理解理论知识的实际应用，并培养实际操作能力和解决实际问题的能力。学生通过实践探索和观察现象，深入全面地理解所学知识，掌握解决问题的技能与方法。

通过"综合与实践"活动的参与，学生能够培养自主学习和主动参与探究的能力。这些活动激发学生的学习兴趣，让他们在个人兴趣和节奏驱动下进行探究。同时，学生通过主动参与活动，可以培养观察力、实验能力和解决问题的能力。

四、培养学生与人交流合作的能力

为了培养学生良好的人际交流和合作能力，活动中鼓励学生与同学展开积极的交流与合作。在这个过程中，学生需要与同学共同讨论和解决问题，以培养团队协作的能力。这样的经验有助于学生提高沟通能力、合作能力和团队合作意识。

1．学生进行充分交流，分享观点和想法

通过相互倾听和理解，学生能够深入思考，并从多个角度来思考问题。学生也能学习如何清晰地表达自己的观点，以便与团队成员共同探讨解决方案。这样的交流过程可以提高学生的沟通能力，使他们更加自信地与他人交流，表达自我观点。

2．培养了学生的合作能力和团队合作意识

在活动中，学生需要在团队中共同解决问题，分工合作，充分发挥各自的优势，这就要求他们要学会倾听他人的意见，尊重他人的观点，以实现共同目标。在此过程中，他们学会了在团队中相互支持、互相合作，解决问题和直面挑战。这样的合作经验可以培养和提升学生的合作能力和团队合作意识，使他们成为优秀的团队成员和合作伙伴。

3．为学生成长提供了宝贵的机会和平台

学生通过与同学的交流和合作，提高沟通能力、合作能力和团队合作意识。这些能力不仅在学习中有益，在日常生活和未来的职业发展中也将发挥重要作用。学生将能够更好地与他人合作，解决问题，取得更好的成果，并逐渐成为具有团队精神和卓越合作能力的个体。

五、培养学生科学态度和优秀道德品质

为了培养学生的科学态度和优秀道德品质，活动中鼓励学生秉持求真务实的态度进行研究。学生应该展现耐心和细致，研究问题时注重细节，尊重他人的意见，并勇于克服困难。这样的实践有助于培养学生的科学态度和优秀道德品质。

1．培养求真务实的科学态度

学生需要以科学的方法和态度对待问题，通过深入的研究来寻求真相。学生学会凭借实践和实验来验证自己的观点，并理解科学知识的不断发展，意识到科学方法的迭代和改进的重要性，从而培养批判性思维和科学方法论。

2．养成尊重他人意见的意识

他们学会倾听和欣赏来自不同角度的观点和建议，以促进合作和共同成长。学生通过与他人的互动，体验到合作和团队精神的重要性。通过以开放和尊重的态度对待他人的意见，学生能够培养尊重和包容的优秀道德品质。

3．培养学生勇往直前、不怕困难的品质

活动中的困难和挑战激发了学生追求知识和解决问题的动力。学生通过面

对和克服困难，不仅提升了他们的适应能力和解决问题的能力，还培养了坚毅和勇敢的优秀品质。

通过培养学生的科学态度和优秀道德品质，活动为他们提供了培养科学素养的平台。学生以求真务实的态度进行学习，善于倾听，接受他人的指导，勇于克服困难。这样的实践帮助学生逐步形成科学思维和科学方法论的意识，培养他们的合作能力。这些科学态度和优秀道德品质将引导学生在未来的学习和生活中成为具有责任感和批判性思维的优秀个体。

第三章　初中数学"综合与实践"的教学策略

初中数学"综合与实践"的教学策略是以问题为中心、让学生自主参与。它强调在真实的问题情境中，引领学生发现问题、提出问题，并提高他们分析问题和解决问题的能力。同时，这种教学策略填补了传统课程的空白，强调了生活数学与课堂数学的联系，为提升学生的数学素养打下坚实的基础。

在初中数学教学中，教师需要整合实践教学资源，开展数学综合实践活动，这包括实际应用、项目式学习、数学探究、模拟实验等。通过这些活动，学生能够在实际应用中发现数学知识的价值与意义，形成自己的数学思维模式，进而提高数学核心素养。

教师在教学实践中很重要，扮演着引导、促进、鼓励的角色，通过整合教学资源、开展实践活动、引导学生思考、协作交流，提高学生的学习效果和能力水平，从而实现教学目标。活动中，教师还需要引导学生进行反思和总结，让他们分享自己的学习心得和体会，并深入探讨问题的本质。教师还应鼓励学生多交流、协作，通过小组交流、角色扮演等方式提高其合作能力，发扬团队协作精神。

第一节　设计原则

随着教育改革的深入，初中数学课程逐渐从传统的知识传授型向培养学生综合素质和实践能力的方向发展。《课标（2022 年版）》指出："综合与实践"领域的教学活动，以解决实际问题为重点，以跨学科主题学习为主，以真实问题为载体，适当采取主题活动或项目式学习的方式呈现，通过综合运用数学和其他学科的知识与方法解决真实问题，着力培养学生的创新意识、实践能力、社会担当等综合品质。在这个过程中，如何设计一套科学、合理的初中数学"综合与实践"教学方案，成为教育工作者关注的焦点。本节将从教学目标、教学内容、教学方法、教学评价等方面探讨初中数学"综合与实践"教学的设计原则。

一、教学目标的设计原则

1. 明确性

教学目标是指导教学活动的基本依据，因此，初中数学"综合与实践"教学的目标应具有明确性，即具体、明确、可操作。

2. 全面性

教学目标应涵盖知识、技能、情感态度、价值观等多方面，以全面培养学生的综合素质。

3. 递进性

教学目标应按照由浅入深、由易到难的顺序进行设置，便于学生逐步掌握知识和技能。

4. 灵活性

教学目标应根据学生的实际情况和教育教学的需要进行调整，以保证教学活动的针对性和有效性。

二、教学内容的设计原则

1. 系统性

教学内容应遵循学科的内在逻辑关系，形成一个完整的知识体系，使学生能够系统地学习和掌握数学知识。

2. 实用性

教学内容应紧密结合实际生活和社会需求，使学生能够在学习过程中感受数学的实际意义和应用价值。

3. 启发性

教学内容应具有一定的启发性，激发学生的学习兴趣和求知欲，促使他们主动探索和思考。

4. 难度适中

教学内容的难度应适中，既不能过于简单，也不能过于复杂，以保证学生能够在适当的挑战中取得进步。

三、教学方法的设计原则

1. 启发式教学

教师应以问题为导向，引导学生自主探究和发现规律，培养学生的思维能力和创新精神。

2. 合作学习

教师应鼓励学生进行小组合作学习，通过互相讨论、交流和协作解决问题，培养学生的团队协作能力。

3. 情境教学

教师应创设生动的教学情境，使学生在实际操作中感受数学的魅力，提高学生的实践能力。

4. 个性化教学

教师应对学生的个性差异给予充分关注，因材施教，使每个学生都能得到适合自己的教育资源和教学方法。

四、教学评价的设计原则

1. 过程性评价

教学评价应贯穿于教学全过程，关注学生的学习过程和方法，及时发现问题并给予指导和帮助。

2. 综合性评价

教学评价应综合考虑学生的知识掌握程度、技能运用能力、情感态度等多个方面的表现，全面评价学生的学习成果。

3. 自评与互评相结合

教学评价应鼓励学生进行自我评价和同伴评价，培养学生的自我监控能力与合作精神。

4. 激励性评价

教学评价应以肯定和激励为主，关注学生的进步和优点，激发学生的学习动力和信心。

初中数学"综合与实践"教学的设计原则涉及教学目标、教学内容、教学方法和教学评价等多个方面。只有遵循这些设计原则，才能设计出一套科学、合理的初中数学"综合与实践"教学方案，从而有效地提高学生的综合素质和实践能力。

第二节　教师扮演的角色

在初中数学教学中，"综合与实践"活动强调将理论知识与实际应用相结合，从而提高学生的实践能力和创新思维。在此过程中，教师的角色显得尤为重要。

一、教师的角色

首先，教师是学生学习的指导者。他们需要引导学生理解和掌握数学知识，帮助学生建立正确的学习观念和方法。在初中数学"综合与实践"教学中，教师不仅要讲解理论知识，还要通过实例和问题引导学生进行实践活动，使他们能够将所学知识用于实际问题的解决。

其次，教师是教学活动的组织者。他们需要设计和实施各种教学活动，如小组讨论、实验操作、案例分析等，以激发学生的学习兴趣和积极性。同时，教师需要对教学活动进行有效管理，确保教学活动的顺利进行。

最后，教师是学生学习效果的评估者。他们需要通过各种方式（如作业、测试、日常表现等）来了解学生的学习情况，及时发现学生学习过程中存在的问题，并提供相应的帮助、支持和指导。在初中数学"综合与实践"教学中，教师还需要对学生的实践能力进行评估，以便调整教学方法和策略。

二、教师角色的扮演

1. 引导者和启发者

在初中数学"综合与实践"教学中，教师需要通过提问、讨论、示范等方式，引导学生主动探索和思考，激发他们的学习兴趣，培养其创新精神。同时，教师需要通过自身的专业素养和教育情感，影响和激励学生，帮助他们建立积极的学习态度和良好的学习习惯。

2. 参与者和观察者

在初中数学"综合与实践"教学中，教师不仅是教学活动的组织者，也是学生学习过程的参与者和观察者。他们需要密切关注学生的学习情况，参与学生的学习活动，了解其学习需求和困难，从而及时提供帮助和指导。同时，教师需要通过观察学生的学习过程，反思自己的教学行为和方法，不断提高教学质量。

3. 合作者和研究者

在初中数学 "综合与实践" 教学中，教师不仅是学生的指导者，也是他们的合作伙伴和研究者，他们需要与学生一起探索和解决问题，共同完成学习任务。同时，教师需要关注教育教学的新理论和新方法，不断更新自己的教育观念，提升教学技能，以提高教学效果，满足学生的学习需求。

总的来说，初中数学 "综合与实践" 教学中的教师角色非常重要，他们不仅传授知识，还引导学生理解和应用知识；不仅需要组织教学活动，还需要评估学生的学习效果；不仅需要成为学生的引导者和启发者，还需要成为他们的合作伙伴和研究者。只有这样，才能真正实现初中数学 "综合与实践" 教学的目标，提高学生的数学素养和创新能力。

第三节 课程内容分析

针对初中阶段，《课标（2022 年版）》指出，"综合与实践" 可采用项目式学习的方式。现以第四学段初中 7~9 年级为例，《课标（2022 年版）》给出的案例如表 3-1 所示。

表 3-1 《课标（2022 年版）》初中数学 "综合与实践" 课程案例

参考样例	与《课标（2011 年版）》对比	评价（该案例可以使学生得到哪些方面的收获?）
体育运动与心率	新：函数主题	数学、生物、体育学科融合，关注健康、安全
绘制公园平面地图	与 "绘制学校平面图" 相似	图形与几何领域，数学、地理、美术学科融合
国内生产总值 GDP 调研	新：统计与概率	数学、经济、社会、金融学科融合，提高民族自信心与自豪感

我们可以清晰地看到，《课标（2022年版）》在选择课题时，涵盖了模型认知、推理能力以及跨学科融合等主题，强调了数学与其他学科的融合，从核心素养发展的角度出发选择课题，并强调将数学应用于生活。在教学内容上，我们可以看到跨学科的主题以及数学与生活的融合特性。具体来说：

首先，"综合与实践"突出跨学科的特性。初中数学"综合与实践"课程是一门以学生实践操作和体验为主的课程，将"综合与实践"活动和学科教学相融合，改变学生的学习方式，培养其创新精神和实践能力，突出了跨学科的特性，以适应时代需求。该课程注重培养学生的综合能力，包括观察、分析、解决问题的能力以及跨学科的整合能力。通过各个学科交叉教学，能够有效培养学生的学习兴趣，丰富学生社会实践活动经验，促进学生综合素质的发展。

其次，"综合与实践"的课时安排。《课标（2022年版）》明确规定："综合与实践"课程活动的课时量不少于总课时的10%。根据《义务教育课程方案（2022版）》，九年义务教育阶段的初中学年课时分别为1 190、1 190、1 122课时，其中数学占13%~15%。按照"综合与实践"课时量不少于总课时的10%计算，平均每学年15~16课时。课时量的大幅增加表明了对"综合与实践"课程的重视。

初中数学"综合与实践"课程旨在培养学生综合运用所学知识和方法解决实际问题的能力，根据不同学段学生特点，适当采用主题式学习和项目式学习的方式，设计情境真实、较为复杂的问题，引导学生综合运用数学学科和跨学科的知识与方法解决问题。

《课标（2022年版）》要求学生会用数学的思维思考现实世界，"能够合乎逻辑地解释或论证数学的基本方法与结论，分析、解决简单的数学问题和实际问题"，而"综合与实践"正是基于现实问题，恰能培养学生的"四能"，培养学生的核心素养。为达到该目标，以北师大版初中数学教材为例，梳理出七年级到九年级"综合与实践"活动课题，教师可以在教学过程中结合教材内容和实际情况确定项目主题，具体内容如表3－2所示。

表 3 – 2 北师大版教材中"综合与实践"内容梳理

年级	页数	活动内容	活动主题
七年级上册	第 105 页	探寻神奇的幻方	数与代数
	第 192 页	关注人口老龄化	统计与概率
	第 194 页	制作一个尽可能大的无盖长方体形盒子	图形与几何
七年级下册	第 160 页	设计自己的运算程序	数与代数
	第 162 页	七巧板	图形与几何
八年级上册	第 186 页	计算器运用与功能探索	数与代数
	第 187 页	哪一款"套餐"更合适	数与代数
	第 189 页	哪个城市是真正的"火炉"	统计与概率
八年级下册	第 162 页	生活中的"一次模型"	数与代数
	第 163 页	平面图形的镶嵌	图形与几何
九年级上册	第 163 页	制作视力表	图形与几何
	第 166 页	猜想、证明与拓广	数与代数
	第 171 页	池塘里有多少条鱼	统计与概率
九年级下册	第 110 页	视力的变化	统计与概率
	第 114 页	哪种方式更合算	统计与概率
	第 117 页	设计遮阳篷	图形与几何

　　开展初中数学"综合与实践"课程已有十多年，针对这一课程设计的案例也越来越多，课程设计、实施、评价的研究也在发展之中。随着《课标（2022 年版）》的颁布，教学愈加重视跨学科视角与发掘合适的项目，我们分析课程标准、课程教学的内容、跨学科课程理论与已有案例，基于"综合与实践"课程应具备的特点，探究进行跨学科项目式学习的设计思路、策略、流程、模式，提供可供参考的教学范式。

第四节　学习方式与合作模式

　　随着教育教学理念的不断发展，传统的数学教学方式得到不断创新和改进，"综合与实践"教学注重培养学生的实际应用能力和解决问题的综合素质，强调学生的主动参与和合作学习。基于此，探讨适合该课程教学的学习方式、合作模式及其培养策略，以期对数学教学改革提供参考。

一、学习方式的类型

1. 探究型学习方式

鼓励学生主动提问、搜索资料，寻求解决问题的方法和策略。通过问题引领，激发学生的求知欲和探索精神，培养学生的独立思考和解决问题的能力。

2. 合作型学习方式

通过小组合作学习、角色扮演等方式，鼓励学生分享知识、交流思想，并共同合作解决问题。通过合作学习，能够促进学生的团队意识、沟通协作能力和互助精神。

3. 实践型学习方式

通过实际情境设计和实践操作，将抽象的数学知识与实际生活相结合，让学生体验和应用数学知识，提升学生的创新思维，提高实际应用能力。

二、合作模式的培养

1. 小组合作模式

组织学生进行小组合作，通过协商、讨论、互相帮助解决问题。教师可以设计适当的合作任务，鼓励学生分工合作、互相补充，培养学生的团队协作和集体荣誉感。

2. 角色扮演模式

通过角色扮演的方式，将学生置身于不同的角色和情境中，让他们更好地理解数学问题的背景和知识的应用。同时，角色扮演能够激发学生的创造力和表达力，培养他们的动手实践能力。

3. 项目合作模式

组织学生开展小型研究项目，通过合作研究和实践活动，让学生深入了解数学的应用领域，将数学知识运用到实际问题中。在项目合作中，学生需要共同制订计划、分工合作、分享成果，培养学生的独立思考和团队协作能力。

三、学习方式与合作模式的培养策略

1. 创设情境，激发兴趣

通过引入有趣的数学问题和生活案例，激发学生对数学学习的兴趣和好奇心，提高他们参与学习的积极性。

2. 提供资源，支持学习

为学生提供丰富的学习资源，包括教学软件、实验器材、图书资料等，以帮助他们更好地开展"综合与实践"教学的学习与合作。

3. 引导学习，培养能力

通过指导和引导，培养学生独立思考和学习的能力，鼓励他们选择合适的学习方式和合作模式来解决问题。

4. 多元评价，检验成果

采用多种评价方式，包括考试、实践成果展示、小组合作评价等，全面评价学生的学习成果和合作表现。

学习方式的培养和合作模式的确定对提高学生的学习效果和综合素质具有重要意义。通过"综合与实践"教学，学生能够更好地理解数学知识，培养实际应用能力，激发学习兴趣。合作学习可以促进学生的团队协作意识，增强集体荣誉感。教师在教学过程中起到重要的引导和指导作用，通过灵活运用适合的学习方式和合作模式，促进学生的全面发展。

第五节 教学资源和信息技术融合

《课标（2022年版）》指出：合理利用现代信息技术，提供丰富的学习资源，设计生动的教学活动，促进数学教学方式方法的变革。在实际问题解决中，创设合理的信息化学习环境，提升学生的探究热情，开阔学生的视野，激发学生的想象力，提高学生的信息素养。随着科技的不断发展，教育领域也发生了巨大的变化。现代技术支持下的教学资源和教学方法不断涌现，为教师提供了更多的教学策略和手段。初中数学"综合与实践"是提高中学生数学素养，培养学生实践能力和创新精神的重要课程。为了更好地开展这一课程，教师需要充分了解教学资源和现代技术支持的需求，为学生提供更加丰富、多样

化的学习体验。

一、教学资源

1. 教材与课程资源库

初中数学"综合与实践"课程需要具备丰富的教学资源，包括教材、课程资源库等。教材应包含各种实践案例和问题，注重理论与实践的结合，让学生在解决实际问题中提高数学能力。课程资源库应包含各种教学素材、案例分析、实践报告等，为教师提供丰富的教学资源，方便教师根据学生实际情况进行灵活的教学设计。

2. 实验室与实验设备

数学实验室是"综合与实践"课程进行的重要场所。实验室应具备齐全的实验设备，如计算器、几何工具、测量仪器等，以便学生进行实践操作。此外，实验室还应提供各类数学软件，如几何画板，帮助学生进行数据分析、模拟实验等。

3. 校外实践基地

为了让学生更好地了解数学在现实生活中的应用，学校应建立校外实践基地，如与企业、科研机构等建立合作。通过参观、实践等方式，让学生了解数学在生产、科研等领域的应用，增强学生的实践能力和培养创新精神。

二、现代信息技术

1. 多媒体教学

多媒体教学可以为学生提供生动、形象的教学内容，提高学生的学习兴趣。教师可以利用PPT、视频、动画等多媒体资源，展示数学原理、实践案例等，帮助学生更好地理解数学知识。例如，利用动画演示几何图形的变化过程，使学生更深入地理解几何原理。

2. 网络教学平台

网络教学平台可以为学生提供更加灵活的学习方式。教师可以通过平台发布课程资源、学习任务等，学生进行在线学习，展开交流与讨论等。此外，平台还可以进行在线测试、评估等，方便教师及时了解学生的学习情况。通过网络教学平台，学生可以随时随地进行学习，提高学习效率。

3．移动学习应用

移动学习应用可以让学生随时随地进行学习。教师可以开发针对"综合与实践"课程的移动学习应用，提供课程资源，设置学习任务、互动交流等功能，让学生在移动终端上进行学习、交流等。移动学习应用还可以根据学生的学习进度和需求，推送个性化的学习资料和任务，满足学生的个性化学习需求。

4．在线教育资源

在线教育资源可以为学生提供更加丰富的学习资源。教师可以引导学生访问各种在线教育平台，进行自主学习、学习在线课程等。这些平台提供了大量的数学教学资源，包括视频讲解、习题库、在线实验分析等，可以帮助学生更好地掌握数学知识。此外，学生可以通过在线教育平台与教师进行互动，解决学习中遇到的问题。

5．数据分析工具

数据分析工具可以帮助学生进行数据处理和分析。例如，Excel、Python等软件工具可以帮助学生处理数据，并得出有价值的结论。通过数据分析，学生可以更好地理解数学原理，提高数学应用能力。

总之，初中数学"综合与实践"课程需要丰富的教学资源和现代信息技术的支持。通过教材、实验室、校外实践基地等教学资源的整合，以及多媒体教学、网络教学平台、移动学习应用、在线教育资源和数据分析工具等现代技术的运用，可以为学生提供更加丰富、多样化的学习体验，提高学生的数学素养和实践能力。同时，教师也需要不断更新教学资源和技术支持，以满足不断变化的教育需求。

第六节 课程的组织与实施

初中数学是数学学习的一个重要阶段，学生开始接触更高一级的数学概念和技能，如代数、几何、概率等。在这个阶段，学生不仅要掌握数学基础知识，还要能够将这些知识应用到实际生活中。因此，初中数学"综合与实践"课程的组织与实施显得尤为重要。"综合与实践"课程是一种以实际问题为基础，通过观察、实验、推理等方式，让学生综合运用所学数学知识解决问题的活动。它能够培养学生的数学思维和实践能力，提高其对数学的兴趣和认知。接下来，本节将探讨如何组织和实施初中数学"综合与实践"课程，包括选题、分组、制订计划、开展活动等环节。

一、选题

选题是初中数学"综合与实践"课程的第一步，选题的合适与否直接影响课程的质量和效果。选题应该根据学生的年龄特点和实际需要，选择那些具有实用性、趣味性、挑战性的问题，以激发学生的学习兴趣和积极性。例如，"设计一个投票箱"，这个题目不仅涉及几何知识，还与学生的日常生活息息相关，能够引起他们的兴趣和关注。再如，"测量学校操场的周长和面积"，这个题目不仅涉及测量和计算，还涉及对实际问题的理解和分析，能够激发学生的探索欲。

二、分组

分组是将学生分成若干小组，每组人数根据实际情况而定。分组应该充分考虑学生的数学水平、兴趣爱好、性格特点等因素，尽量做到均衡分配。每组人数不宜过多，以免影响学生的参与度和活动效果。分组后，各组选出一名组长，负责组织协调组内事务。在分组过程中，应考虑以下因素：

1. 学生的数学水平

分组应该考虑学生的数学水平差异，尽量做到均衡分配，使得每个小组都有不同程度的数学能力的学生。这样可以让学生在合作中互相学习和借鉴，提高自己的学习能力和实践能力。

2. 学生的兴趣爱好

分组应该考虑学生的兴趣爱好，尽量让每个小组都有喜欢数学的学生，这样可以激发他们的学习热情和积极性。同时，可以让喜欢数学的学生带动其他学生参与活动。

3. 学生的性格特点

分组应该考虑学生的性格特点，尽量让每个小组都有开朗、活泼的学生，这样可以促进小组内的交流和合作。同时，可以让性格内向的学生在小组内得到更多的关注和支持。

三、制订计划

制订计划是在教师的指导下，学生根据选题制订具体的活动计划，包括活动时间、活动内容、活动方式等。制订计划应该充分考虑学生的实际情况和能力水平，制订具有可行性和可操作性的计划。同时，教师应该给予学生充分的自由度和创造空间，鼓励他们在计划制订中发挥自己的想象力和创造力。在制订计划过程中，应考虑以下因素：

1. 活动时间

要根据学生的课余时间安排活动时间，尽量保证活动的连续性和充分性。

2. 活动内容

要根据选题和实际情况确定活动内容，尽量保证活动的针对性和实用性。

3. 活动方式

要根据实际情况确定活动方式，尽量保证活动的有效性和可操作性。

四、开展活动

按照计划，学生分组开展"综合与实践"活动。在活动过程中，教师应该给予学生充分的支持和指导，帮助学生解决遇到的问题和困难。同时，教师应该注意学生的安全和身心健康，保证活动的顺利进行。在开展活动过程中，教师应该注意以下问题：

1. 指导与支持

教师要根据学生的实际情况和需要，给予适当的指导和支持。当学生在活动中遇到问题时，教师要及时给予帮助和解答。

2. 安全与健康

教师在活动中要注意学生的安全和健康，避免学生受伤或发生其他安全问题。

3. 监督与评估

教师要对课程的开展进行监督和评估，及时发现问题并加以解决。同时，教师也要对学生的表现进行评估，为后续的评价和反思提供依据。

第七节　基于数学核心素养的教学策略

在初中数学"综合与实践"课程的教学中，我们如何有效地组织教学呢？笔者认为可以从以下五个方面着手：

一、激发学生的兴趣，端正积极主动的学习态度

"兴趣是最好的老师"，笔者认为在"综合与实践"课上，教师首先要着眼于引发学生的学习兴趣，只有在此基础上，学生才能更快地进入问题情境，主动地开展合作探究式的实践活动。这一点也是与初中数学"综合与实践"课程的教学目标之一，即"激发学生的数学学习兴趣"相符的。因此，在设计教学时，教师可以通过多途径、多活动来激发学生的学习兴趣，如充分调动学生的五感，设计表演、竞赛、互动对话等环节，以此营造轻松、愉悦、和谐的课堂氛围，从而提高学生对知识的接受度。

以"哪个城市夏天更热"为例，该课立意新颖、独具魅力，倡导一种综合性、挑战性和开放性的学习方式，整个过程中学生完整地经历了统计调查活动，学会了运用各种媒介收集数据，并根据不同的标准完成对数据的加工处理，营造轻松的学习氛围，这不仅加强和提升了学生的统计意识和数据处理能力，还培养了学生在团队活动中的合作和沟通能力，提高运用数据分析实际问题并为决策服务的能力。

通过运用已学的数学工具、数学语言、数学方法去解决遇到的问题，让学生边实践，边研究，以活动激发主体兴趣，在分析、解决问题的过程中获得经验、习得基本的数学策略。

二、凸显学生主体地位，提升学生自主探究意识和能力

"综合与实践"是教师借助问题引领学生全程参与、实践的相对完整的一项学习活动。《课标（2011 年版）》特别强调了学生的自主探索、合作交流与动手实践，需要学生独立思考，积极开展思维活动。因此，在"综合与实践"课程中，教师要注意充分发挥学生的主体作用，教学活动要基于学生的自主探

究，使学生通过独立思考和操作将具体问题中的数学活动经验不断抽象化，最终促成数学思维的习得。

例如，在《关注人口老龄化》这一课的教学中，根据主题关注本地现实生活，学生自主发现问题、制作家庭老年人数统计图，并提出长大后养老压力有多大、如何解决老龄化等问题，参与社会实践活动，增加人生体验，感受成功的快乐。

教师在充分发挥学生主体地位这一前提之下，要注意教学内容应尽可能与学生的性格特点及兴趣爱好相匹配，这样才能使更多的学生融入数学课堂。而对于学生在课堂上提出的新想法、新观点，教师可以多加鼓励和表扬，给予他们更多的自主独立空间，发挥好教师的引导作用，使学生的探究能力得到更好展现，培养其课堂主体的意识。

三、在实践中数学建模，经历知识产生形成的过程

数学建模的核心是引导学生从"学数学"到"做中学"转变，能运用数学方法去解决实际生活中产生的数学问题。基于数学建模的教学，一般过程是教师发挥引导作用，在实际问题的基础上建立数学模型，应用启发式的教学方法引导学生逐步完成求解、求证及检验。

例如，在《哪一款手机资费套餐更合适》的课后教学中，某通信公司推出"市话+上网"套餐，如表3-3所示。

表3-3 某通信公司推出"市话+上网"套餐

套餐	月使用费	套餐赠送通话时间	套餐赠送流量	套餐外通话费用	套餐外流量费用
A	a元/月	0分	500M	$0.03a$元/分	$0.01a$元/M
B	$(a+25)$元/月	60分	1 000M	$0.02a$元/分	$0.01a$元/M

小丽每月通话时间不超过60分钟，小丽每月上网流量不超过500M，小丽的妈妈每月通话时长是小丽每月通话时长的3倍，并且每月上网固定流量为700M，设小丽每月通话时长为x分钟。

该公司又推出一个"绑定"的优惠活动，若两部手机同时选择A套餐时，

每部手机均免月使用费；若两部手机同时选择 B 套餐时，每部手机的月使用费减 10 元。当 $a = 5$，$x = 60$ 时，请分别计算绑定 A 套餐和绑定 B 套餐的费用，在这两种绑定方案中，帮小丽和妈妈制订一种合算的方案。

哪一款手机资费套餐更合适？要解答这个问题，学生在真实情境中要确定关注的主要因素，进而确立数学模型一次函数，从而解决问题。

从以上例子可以看出数学建模的过程是生发体验的过程，学生在真实情境中激发灵感，从而发展抽象的数学思维，在数学与外部世界的联系中还孕育了创新，这是与新课程改革的要求相符的。因此，教师在设计课程时可以多以问题和实际情境为出发点，构建起数学模型，为学生提供"做中学"的机会，创生分析问题、解决问题的过程，使学生在一步步的探究中发掘数学学习的应用价值及意义，从而促使他们学会运用认知结构中的知识，找到解决问题的最佳途径，激活数学思维。

四、设计开放问题，培养创新思维

教师在设计教学活动时应注意恰当设定问题的开放度，以给予学生发挥创新思维的空间。另外，课堂设置中还应该安排一定的思维训练及动手操作活动，提高学生的思维和实践能力，在此过程中，科学的探究思想及自主探究的能力也能得以形成。

例如，《池塘里有多少条鱼》这节课上教师提出问题：李大爷承包了村里的池塘，辛苦了一年，李大爷家今年的收成如何？你能帮助李大爷估计池塘中有多少条鱼吗？有学生认为，把池塘里的鱼全部捞出，就可以知道了。也有学生反对，因为如果鱼全部被捞出则它们会死，再说也不能确定池塘里的鱼是否全部被捞出。教师接着提问：能否不把池塘里的鱼全部捞出就可以估计李大爷承包的池塘中有多少条鱼呢？学生通过前面的学习，已经掌握了运用树状图和列表法来计算简单事件发生的概率，但有些现实问题的概率没有理论概率，只能通过多次试验，需要借助试验模拟获得估计值；用频率来估计它，除此之外，九年级的学生好奇心较强，且思维活跃易开发，正处于从形象认知向抽象认知过渡的阶段，具有一定的从开放性情境中抽象出问题本质的能力，这些都为学生解决课堂中的实际问题提供了主观条件。

综上所述，初中数学教学要注意在教学活动中设置一定比例的开放性问题，以激发学生的学习兴趣，发展其抽象逻辑思维，培养创新精神与实践能力。

五、重视批判和反思，促进深度学习

深度学习是指在教师的引领下，学生围绕具有挑战性的学习主题，全身心地积极参与、体验成功、获得发展的有意义的学习过程。它是落实核心素养的重要途径，在教学中，笔者结合初中数学"综合与实践"课程的教学目标，以培养深度学习能力和驱动深度学习倾向为目的，如在《猜想、证明与拓广》这一节课的教学中，根据学生在学习一元二次方程、反比例函数等知识基础上，围绕图形"倍增"由浅入深，层层设问，以问题驱动展开教学。

问题1：任意给定一个正方形，是否存在另一个正方形，它的周长和面积分别是已知正方形周长和面积的2倍？在教学中，设置为"做一做""议一议""想一想"的活动，分成两组展开探究分别填好表3-4、表3-5，各组推选一人在全班展示，基于学生的独立性、批判性、深度思考能力、迁移应用能力的培养，设置追问，你准备怎么去做？你是怎么做的？你有哪些解决方法？你能提出新的问题吗？

表3-4 "做一做"

	给定的正方形	所求正方形 A	所求正方形 B
边长	2		
周长	8	$8 \times 2 = 16$	
面积	4		$4 \times 2 = 8$

表3-5 "想一想"

	给定的正方形	所求正方形 A	所求正方形 B
边长	x		
周长	$4x$	$4x \times 2 = 8x$	
面积	x^2		$x^2 \times 2 = 2x^2$

在"议一议"活动中教师可进行深度的追问，通过对比表3-4与表3-5，让学生思考能得到什么样的结论？

$$\left. \begin{array}{l} \text{由周长 } 4x \rightarrow \text{边长 } x \\ \text{由面积 } x^2 \rightarrow \text{边长 } \sqrt{2x} \end{array} \right\} \Rightarrow x \neq \sqrt{2}x，\text{结论：不存在加倍正方形。}$$

在探究中理解、运用、深化，让学生体验解决问题的策略和方法。问题1从特殊到一般的探究活动过程中，很好地渗透了几何直观、数据观念、抽象能力等核心素养，笔者基于问题1进阶提出问题2。

问题2：任意给定一个矩形，是否存在另一个矩形，它的周长和面积分别是已知矩形周长和面积的2倍？在观察各个小组活动中发现，多数是从特殊的矩形开始，如图3-1，设已知矩形的边长为3和2，假设存在另一个矩形两边长为 x 和 y，看是否存在满足的值。

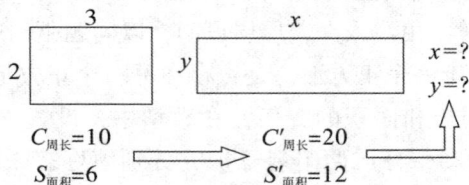

图 3 - 1

同学们求 x 和 y 的值时，一部分小组列出方程组并求出了方程组的解，$\begin{cases} x+y=5 & ① \\ xy=6 & ② \end{cases} \rightarrow \begin{cases} x=2 \\ y=3 \end{cases}$ 或 $\begin{cases} x=3 \\ y=2 \end{cases}$。解方程组时用一元二次方程的根的判别式可判断方程是否有解；也有部分小组从方程组中由①、②变形联想到一次函数 $y=-x+5$ 与反比例函数 $y=\dfrac{6}{x}$，然后画出它们的图像，这两个函数图像有两个交点，并且这两个交点就是方程组的解。在此，教师立即进一步追问：如图3-2，如果矩形的边长分别为 m 和 n，你能得到一般性结论吗？

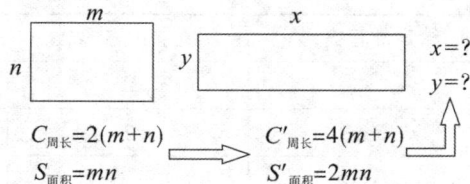

图 3 - 2

高阶设问强化追问，从而完成了数学的理解迁移，尤其是解决此问题的数据运算比较复杂，如求出的解是 $\begin{cases} x=m+n+\sqrt{m^2+n^2} \\ y=m+n+\sqrt{m^2+n^2} \end{cases}$，同学们在讨论中质疑，在争论中进行思维碰撞，它的价值在于驱动与引导学生探究的方向和路径，较好发展推理能力和运算素养，培养学生的创造性思维，同时发展学生的知识迁移应用能力。

本节课教学设计是一个具有开放性、研究性、挑战性的学习主题，为学生提供充分思考和交流的空间，鼓励学生在自主探究的基础上及时交流自己的想法和做法，进一步渗透数形结合思想、建模思想等，体现数据观念、运算能力、几何直观、推理能力等核心素养的培养，提升了学生的数学思维，促进了深度学习。

六、挖掘素材内涵，培养学生爱国情怀

《课标（2011 年版）》指出："数学活动经验需要在做的过程和思考的过程中积淀，是在数学学习活动过程中逐渐积累的。"情感态度与价值观的培养是教师在数学教学中绝不能忽视的一点，因此，在"综合与实践"教学活动中，教师既要注重问题引导和知识整合，还需要留意学生在实践中是否有自信心和学习兴趣，关注其学习动机和意志力等，并合理地进行情感态度和价值观教育，培养学生积极健康的世界观、价值观与人生观。数学与生活紧密相连，被广泛应用于社会的各行各业。数学学习的最终目的是服务现实生活，如何利用所学的数学知识解决实际问题需要我们不断探索。在这个探索过程中，我们要挖掘素材内涵，培养学生的爱国情怀，弘扬中国传统文化，体现德育渗透的目的。中国是四大文明古国之一，灿烂的文明让我们骄傲。在历史的长河里，我国有许多著名的数学家，古代如刘徽、祖冲之、杨辉、沈括等，现代如华罗庚、陈景润等，他们的成就与研究不仅令世界瞩目，还创造出很大的经济价值。在平时的教学中，教师应该让学生多了解我们灿烂的文明，提高学生学习数学的兴趣，增强其爱国情怀。我们不仅要激发他们强烈的爱国情怀和民族自豪感，还要激励学生的积极进取精神。如在八年级上学习"勾股定理"这一章内容时，我们可以让学生收集勾股定理的发展历程以及勾股定理的验证过程，撰写数学小论文。特别是验证勾股定理时，课本上不仅给出了最早的记载——赵爽弦图，还有东汉末年数学家刘徽根据"割补术"运用数形关系证明勾股定理的几何证明法——青朱出入图，这些方法极具东方特色。通过这一系列的活动，不仅仅让学生获得数学创造与发现的乐趣，更重要的是了解了中国数学的辉煌历史，掌握了解决问题的方法与技巧。这使得学生在习得知识的

基础上，还能在情感态度和价值观方面得到培养。

"综合与实践"课是具有独特情感教育功能的，它能让学生在实践中学会坚持不懈，在求证中学会严谨踏实，在解决问题中锻炼意志，在创新创造中开拓进取，最终培养对数学的热爱。因此，教师在数学课堂中除了注重对学生理性思维的培养，还要注重学生感性体验的生发，从而推进核心素养的形成和发展，促进学生全面发展。

新课程改革背景下，教师应该更多地关注"综合与实践"活动的教学，有效组织实践活动。不仅让学生更好地意识到数学与实际生活的相关性，使数学学习更"接地气"，还能有利于建立学生的"大数学"观，促进其从形象思维到抽象思维的转变，使核心素养在数学课堂得到有效落实。

第四章　初中数学"综合与实践"教学案例

在本章，我们将选择一系列适用于初中数学"综合与实践"课程的教学案例进行详细讲解。首先，我们介绍的每一个案例，都是通过实际情境设计问题，引导学生思考和解决数学问题。例如，利用实际市场调查数据，让学生分析和解读数据，进而运用数学知识进行预测和决策。通过这样的实践，学生能深入理解数学在现实生活中的应用和意义。

其次，介绍了课程整合教学方面的案例。将不同领域的知识和技能整合，可以帮助学生更好地理解数学概念，并在解决问题过程中提高他们的综合能力。例如，将数学与科学、地理等学科相结合，让学生通过测量、实验等活动，探索数学与这些学科之间的联系。这种跨学科的教学方法将激发学生的学习兴趣和创造力，如"测量威斯广场公寓大楼的高度"。每个案例都注重培养学生的实际运用能力和解决问题能力。我们还特别关注学生的自主学习和合作学习，鼓励他们进行自主探索和团队合作。我们相信，通过这种方式，学生能够更好地理解和应用数学知识，培养批判性思维、创新思维和合作意识。

再次，介绍了项目式学习方面的案例。项目式学习是"综合与实践"教学的重要组成部分，它通过让学生参与真实的项目活动，培养其合作与沟通能力、解决实际问题的能力。例如，让学生分组开展一个实际的调研项目，从中提取数学问题并给予解决。这样的学习方式将使学生更深入地理解数学的实际应用，并培养他们的团队合作意识。初中数学教学的目标之一是培养学生的数学思维能力和实际应用能力，为了更好地实现这一目标，多年来笔者和团队人员在教学实践中积极探索、收集并整理了一系列高质量的案例，在这些案例中，我们特别注重将数学与日常生活和实际情境相结合。

通过这些详细的教学案例分析，我们希望读者能够更加深入地了解初中数学"综合与实践"教学策略的具体实施过程和实际效果。同时，我们希望能够为教师提供教学经验和指导，帮助他们更好地应用这种教学策略，激发学生的学习兴趣和学科能力。

最后，我们希望这些案例能够为教师提供教学灵感，引领他们在初中数学教育中更好地开展"综合与实践"教学。我们相信，通过这种有效的教学方式，可以激发学生对数学的兴趣，提高其数学素养，并培养他们扎实的实际应用能力。

第一节　《测量威斯广场公寓大楼的高度》的教学设计

一、项目概况

项目式学习教学以用数学方法解决现实问题为主，其目标是引导学生发现解决现实问题的关键要素，用数学的思维分析要素之间的关系并发现规律，培养模型观念，经历发现问题、提出问题、分析问题、解决问题的过程，培养应用意识和创新意识。数学的学习运用和探索实践活动的经验积累体现了学生在数学活动中知识的获得、能力的提升和素养的培育，是一个动态的学习过程。这有助于培养学生对数学的好奇心、求知欲，以及独立思考、善于质疑的习惯，也体现了弗赖登塔尔提倡的学习数学的实质就是"再创造"。

本次项目式学习以"综合与实践"中《测量建筑物的高度》一课为例展开。根据学校及周边建筑的地理位置特点，我们选取与学校一河之隔的威斯广场公寓大楼为测量目标。本次项目式学习活动以测量高度为目的，在真实的问题情境下，由数学教师主导实施完成，协同其他学科（如信息）教师或班主任一起完成，学生以小组为单位，以学习共同体的形式展开。活动主要分为课外、课内两部分：课外主要是提出研究问题、设计实验方案、获取实验数据；课内主要是在教师的引导下，整理和描述数据，利用函数、信息技术等知识分析数据之间的关系（见图4-1），整个活动分2课时完成。

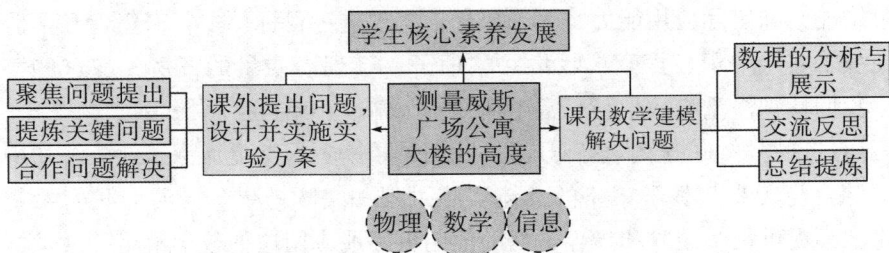

图4-1　活动设计思路

本次项目式学习的主要目的有：①通过将实际问题抽象为数学问题进行表达，发展学生的抽象思维能力；②通过调取已有的研究经验，探寻问题解决的途径，初步形成解决"测量威斯广场公寓大楼的高度"这一问题的思路，发展学生的模型观念和推理能力，提高学生从数学的角度分析和解决问题的能力；③通过设计合理的实验方案帮助学生整合与三角形（尤其是直角三角形）有关的各种知识，形成"大三角"的观念，实现深度学习；④在获取实验数据的活动过程中，向学生传播、渗透模型思想和几何直观观念。

二、项目活动过程

第 1 课时　项目实地测量

任务一：创设情境，提出问题。

【学生活动】

生活中有很多有关测量高度的问题。观察学校周边的建筑物，确定测量目标——威斯广场公寓大楼（见图 4-2）。

图 4-2　威斯广场公寓大楼

【教师活动】

（1）引导学生确定测量目标。

（2）提出小组合作要求，指导学生使用测角仪、卷尺等工具。

【设计意图】

在学习本节课之前，学生已经掌握了应用不同方法测量旗杆高度，但缺乏运用数学知识解决实际问题的关键能力。威斯广场公寓大楼是学生非常熟悉的一栋建筑，呈圆柱形，且在本区域内是最高的一栋建筑。通过引导学生测量威斯广场公寓大楼的高度能激发学生探索的好奇心，提高学习兴趣。该活动可让学生通过经历事先精心设计的项目和一连串任务，在复杂、真实和充满问题的学习情境中持续探索和学习，是一个精心规划实施过程、落实项目任务、设计并完成项目成果的过程。

任务二：小组分工，初定方案（实践测量课前完成）。

【学生活动】

（1）成立小组，选定组长。

（2）进行分工，明确责任：可分为收集资料小队、计算小队、校对等。

（3）反复讨论，初定方案。

学生分组讨论，填写分工记录表4－1。

表4－1　分工记录表

需要完成的事情	完成的方法	主要负责人
搜集资料	搜集网上的资料及记录活动数据	
制作工具	根据实际情况制作工具 	
进行测量、计算	集体使用工具，一起测量	
完善知识点应用	思考不同算法中需要运用的知识点	
完善三角函数	运用三角函数进行计算	
利用数据出题	利用测量数据结合已有知识出题	
总结1	具体记录测量过程及解决问题的过程	
总结2	数学模型	

【教师活动】

（1）合理调配，平均分配：在学生自愿成组的前提下，合理调配各组成员，让每个同学都能参与任务。

（2）及时点拨，制订方案：关注学生实验方案中出现的问题，及时引导，帮助学生调整方案。

（3）随时关注，全面统筹：设计"研究方案""调查记录表"以及成果展示模板等，为学生解决问题提供指引。

【设计意图】

学生在解决测高问题的任务驱使下，首先需要将实际问题转化为数学问题，具体经历两个阶段：①查找资料，寻找测高的方法，体会数学知识之间的联系；②提出方案，分析测高的原理，体会数学与生活之间的联系。在此过程中，学生小组对解决问题的方法进行初步分析，剥离无关信息，从已有经验中获取有价值的信息，从而启发当前问题的解决。在自我探索的过程中，学生用数学的思维分析现实世界，逐步形成分析问题、解决问题的能力，发展几何直观、推理能力。

任务三：实施测量，完成报告（展示课前完成）。

【学生活动】

（1）实地测量，获取数据：学生按小组自觉测量，采用不同的方法，多次测量，减小误差。获得相关数据，注意数据的有效性及准确性。

（2）及时调整，计算结果：学生根据测量数据计算高度，注意相互协作、合理安排，让活动有序、高效地进行。

（3）填写报告，分析结果：学生按照之前的测量数据和计算结果，检查有无错误或误差，填写实验报告（见表4-2）。

表4-2 测量威斯广场公寓大楼高度的实验报告

课题	测量威斯广场公寓大楼的高度
实验目的	
实验器材	
实验步骤	
测量示意图	

（续上表）

测量数据	第一次	
	第二次	
	第三次	
计算	高度计算过程（精确到0.1m）	
反思		
参加人员		

【教师活动】

引导学生自己设计方案，并帮助完善，提示注意实验的细节：

（1）注意实验时场地安全。

（2）在测量的过程中容易产生测量误差，因此，需多次测量，并取数据的平均值。

（3）正确使用测倾器，特别要注意测量过程中正确、规范地读数。

（4）积极参与测量活动，并能对在测量过程中遇到的困难，想方设法，团结协作，共同解决。

（5）拍摄学生实地测量的照片及视频，为后续的展示作准备。

【设计意图】

学生针对需要测量的建筑物，利用已有知识和经验，制订了不同的测量方案。但测量之初，会出现较多问题，需不断尝试和改进，才可得到相对稳定准确的数据。学生通过实地测量，进一步体会数学与生活的紧密联系；学生在解决问题的过程中，可促进其自主构建过程的开展，提升学生的关键能力与核心素养。

第2课时　项目课堂展示

任务四：课堂展示，深度学习项目式学习。

【学生活动】

（1）展示分享，合作交流：播放10分钟视频，每个小组对自己的项目式学习报告进行展示与分享，介绍自己的想法和收获。

（2）知识内化，联系学科：从数学的角度反思活动过程中所运用的方法与知识。

【教师活动】

（1）及时评价，肯定学生：对每组学生的报告进行简单点评，肯定与表扬学生。

（2）挖掘内在，深度学习：引导学生分析实验设计方案的可行性、数据获取方法的科学性，利用相似、函数等知识对数据进行整理，并反思其分析的有效性。

项目式学习的教学模式（见图4-3）是一个系统性活动，需要教师和学生共同完成。

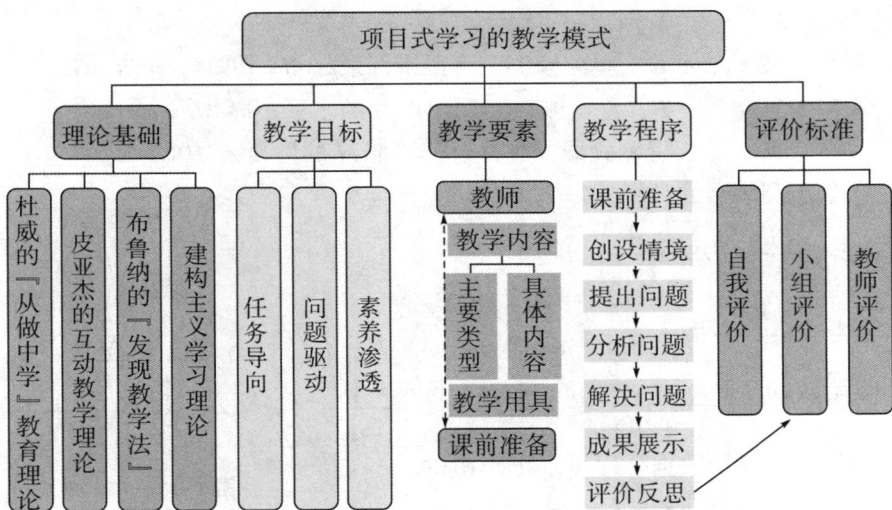

图4-3　项目式学习的教学模式

【设计意图】

通过学生展示，教师引导学生回顾本节课问题探究的过程，总结思维路径，体会其中蕴含的分析问题、解决问题的一般方法，有利于经验、方法的迁移与运用，让学生体会如何从数学的视角观察现实世界，用数学的思维思考现实世界，用数学的语言表达现实世界。本环节重视学生学习力的发展，教学活动围绕满足学生个性化需求而开展；强调学习者的主动性、积极性、批判性思维，从已有知识迁移到新的情境，建立数学模型，从而提高学生解决问题和创新能力。

任务五：类比迁移，拓展提升。

【学生活动】

小组合作，及时探索，得出结论。

【教师活动】

布置任务，拓展提升。

设计一个测量某小山高度（见图4-4）的方案。要求：

（1）在图中，画出你测量小山高度 MN 的示意图（标上适当字母）。

（2）写出你设计的方案（测角仪的高度用 h 表示，其他涉及的长度分别用字母 a，b，c，…表示，涉及的角度分别用 α，β，…表示，最后请写出计算 MN 高度的式子）。

解：①在测点 A 处安置测倾器，测得旗杆顶部 M 的仰角 $\angle MCE = \alpha$；

②向前移动至点 B，量出测点 A 到测点 B 的水平距离 $AB = a$；

③在测点 B 处安置测倾器，测得旗杆顶部 M 的仰角 $\angle MDE = \beta$；

④量出测倾器的高度 $AC = h$，

$$CE = \frac{ME}{\tan \alpha}, \quad DE = \frac{ME}{\tan \beta},$$

$$\therefore CD = CE - DE = \frac{ME}{\tan \alpha} - \frac{ME}{\tan \beta} = a$$

$$\therefore ME = \frac{a \cdot \tan \alpha \cdot \tan \beta}{\tan \beta - \tan \alpha}$$

根据上述测量数据，即可求出小山的

高度：$MN = h + \dfrac{a \cdot \tan \alpha \cdot \tan \beta}{\tan \beta - \tan \alpha}$。

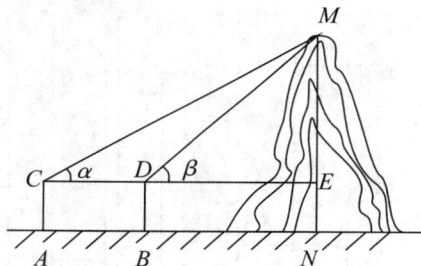

图4-4

【设计意图】

展示结束后，教师对本项目式学习课题进行知识迁移，拓展提升。要求学生在相似的情境中设计出测量大山高度的方案，并给出计算大山高度的公式，实现由具体到抽象，由特殊到一般，逐步建立数学模型的过程。

任务六：总结学习，不断反思。

【学习目标】

（1）通过这节课的学习，你了解到哪些测量物体高度的方法？

（2）在实际测量中，你觉得哪些地方需要注意？哪些步骤可以再改进？

（3）你可以总结这节课的内容吗？

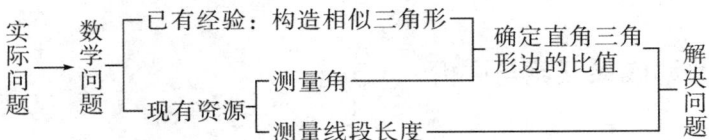

图 4 - 5 课程设计路径

【设计意图】

通过总结学习，让学生在实践中体会数学知识之间的联系、数学与生活实际的联系、数学与其他学科之间的联系。在实践过程中，学生通过体验成功的喜悦和失败的考验获得不同的感受，让学生的积极性和主观能动性得到充分发挥。以项目式学习开展初中数学"综合与实践"教学，有利于激发学生学习数学的兴趣，提升学生的探索能力与实践能力，培养学生的学科核心素养。

任务七：项目作业，巩固提升。

《海岛算经》第一题：望见一个海岛，不知道它的高度与远近。立下两个标杆，如图 4 - 6 所示，竿高为 h，两个标杆和海岛的位置在一条直线上。

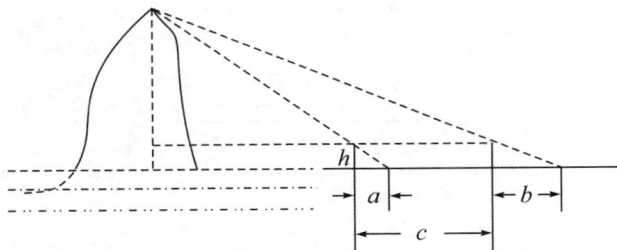

图 4 - 6

【设计意图】

通过课后布置测量海岛的高度和远近，让学生综合运用所学的知识和方法，从数学的角度分析、思考、表达、解决问题，从而积累数学活动经验，体会数学的科学价值，提高学生发现与提出问题、分析与解决问题的能力，发展其应用意识、创新意识和实践能力。

三、活动成果交流与评价

（一）活动成果

1. 探索物体高度测量的方法和原理，形成报告

通过查找资料并进行分析总结，学生了解测量物体高度的方法，并形成如下报告：

（1）利用太阳光下的影子。

实验原理：利用太阳光是平行光，得到△ABD∽△CDE（见图4-7）。

具体操作：小组选一名同学直立于旗杆影子的顶端处，其他组员需测量的数据有观测者的身高CD、观测者的影长DE、同一时刻旗杆的影长BD（见图4-7）。

计算方法：旗杆高度 $AB = \dfrac{CD \cdot BD}{DE}$。

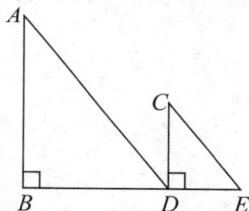

图4-7

（2）利用标杆，用眼睛观测。注意观测者的眼睛与标杆的顶端和旗杆的顶端"三点共线"。

实验原理：利用太阳光是平行光，得到△ACG∽△AEH（见图4-8）。

具体操作：小组选一名同学作为观测者，在观测者与小树之间的地面上直立一根高度适当的标杆。观测者适当调整自己所处的位置，使小树的顶部、标杆的顶端、观测者的眼睛恰好在一条直线上。

需测量的数据：观测者的眼睛到地面的距离AB、观测者的脚到标杆底部的距离BD和到小树底部的距离BF、标杆的高CD。

计算方法：$AG = BD$，$AH = BF$，$EF = EH + FH$，$FH = AB$

得出小树高度：$EF = EH + HF = \dfrac{CG \cdot AH}{AG} + AB$。

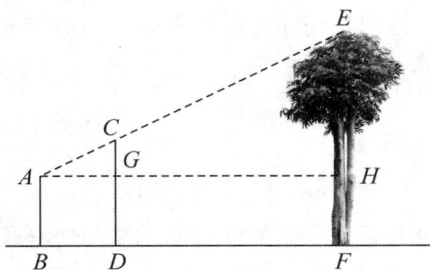

图 4 – 8

（3）利用等腰直角三角板，构造相似三角形。

实验原理： 利用太阳光是平行光，得到 $\triangle ABD \backsim \triangle ACE$（见图 4 – 9）。

具体操作： 小组选一名同学作为观测者，拿着等腰直角三角板，使三角板的一条直角边与地面平行，人前后移动，并从三角板的斜边看过去，在正好看到旗杆的顶端时停止。

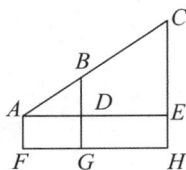

图 4 – 9

需测量的数据： 观测者的脚到旗杆底部的距离 FH 和观测者的眼睛到地面的距离 AF。

计算方法： 旗杆高度 $CH = FH + AF$。

（4）利用镜子的反射。

实验原理： 根据光线的入射角等于反射角，得到 $\triangle ABE \backsim \triangle CDE$（见图 4 – 10）。

具体操作： 小组选一名同学作为观测者，在观测者与建筑物之间的地面上平放一面镜子，在镜子上做一个标记。观测者看着镜子来回移动，直至看到建筑物顶端在镜子中的像与镜子上的标记重合。

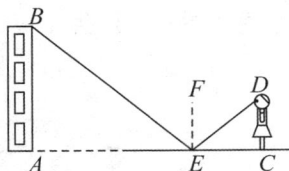

图 4 – 10

需测量的数据： 观测者的身高 CD、观测者的脚到镜子的距离 EC 和镜子到建筑物底部的距离 AE。

计算方法： 建筑物高度 $AB = \dfrac{AE \cdot CD}{EC}$。

（5）利用照相机。

实验原理： 利用照相机的原理把物体按照一定比例缩小，根据比例尺求旗杆高度。

具体操作： 选一位同学，在其脚与旗杆底部几乎重合处站立好，用相机照出旗杆和同学的照片。

需测量的数据：同学的身高 m、照片上同学的身高 a 和旗杆的高度 b。

计算方法：旗杆高度 $h = \dfrac{bm}{a}$。

（6）利用锐角三角函数。

实验原理：构建直角三角形，解直角三角形。

具体操作：在地面上放一个高强度的激光器照射旗杆顶端，调整激光器的位置，利用测角仪使光线和地面所成的角度 $\angle CAB = 30°$（见图 4 - 11）。

需测量的数据：激光器到旗杆底部的距离 AC。

计算方法：旗杆高度 $BC = AC \cdot \tan 30°$。

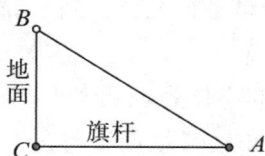

图 4 - 11

（7）无人机进行工程测绘。

小型无人机在飞行过程中高度、空速的测量主要是利用安装在飞机头部的空速管进行气压感受，产生相应的静压和全压信号，并作用于与其相连的高度空速传感器，产生相应的测量信号。

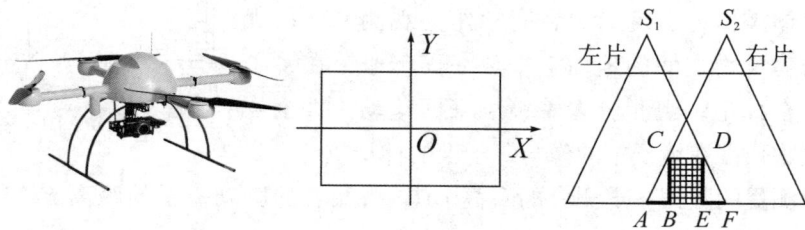

图 4 - 12

2. 对各组测量过程和计算结果报告进行展示，形成实践报告

在课堂上，老师与同学们将各组的测量过程和计算结果报告进行展示、分析。

展示一：测量不成功案例。

（1）只测一个仰角，无法计算出建筑物高度。

我们以第 5 小组的测量为例，他们选定用皮尺和测角仪进行测量并生成第一次实践报告（见表 4 - 3）。

表 4 - 3   第五小组的实践报告

课题	测量威斯广场公寓大楼的高度		
参加人员	岑沛谚、李子晴、王嘉雯、章颢轩、崔晓娟、李建严		
实验器材	皮尺、测角仪		
实验步骤	①测量测角仪高度（1.2 米）； ②测量 α 的度数		
测量示意图			
测量数据	次数 / 数据 α		
	第一次 36°		
	第二次 34°		
计算	高度计算过程（精确到 0.1 米） ∵ 从测角仪到大楼的中间有一条河 ∴ 无法直接测量出 BC 的长度 ∴ 不能通过三角函数求出 AB 的高		
反思			

（2）测量结果误差太大。

我们以第 4 小组的测量为例，他们利用各种器械进行测量，生成实践报告（见表 4 - 4）。

表 4 – 4　第 4 小组的实践报告

课题	测量威斯广场公寓大楼的高度
参加人员	陈锦意、周嘉宝、陈永扬、陈海怡、周铭轩、管佩瑶
实验器材	皮尺、测角仪
实验步骤	①测出测角仪的高度 BC； ②将测角仪定在 C 点，测出 B 点大楼的仰角 α； ③往大楼方向走 30 米，测出在 D 点时大楼的仰角 β； ④取仰角角度的平均值，计算出大楼的高度。
测量示意图	

次数	数据			
	α	β	BC	BD
第一次	31°	44°	1.2	30
第二次	38°	43°	1.2	30
平均值	37.5°	43.5°	1.2	30

测量数据（见上表）

计算

高度计算过程（精确到 0.1 米）

$\because$ 在 Rt$\triangle ADE$中，$\tan \beta = \dfrac{AE}{DE} = 0.95$

$\therefore$ 设 AE 为 x，$ED = \dfrac{x}{0.95}$，$BE = BD + DE = 30 + \dfrac{x}{0.95}$

$\because$ 在 Rt$\triangle ABE$中，$\tan \alpha = \dfrac{AE}{BE} = 0.77$ 即 $\dfrac{x}{30 + \dfrac{x}{0.95}} = 0.77$

$\therefore x = 121.58$，$AF = 121.58 + 1.2 = 122.78$

反思

①测角仪没有与地面垂直；

②测量同学的眼睛与测角仪、大楼顶层参照点不在同一直线上；

③测量同学眼睛离测角仪太远；

④卷尺没有拉直。

（3）用相似测量，无法测量从学校到威斯广场公寓大楼底部的长度，不能测量威斯广场公寓大楼高度。

在测量中，会出现影长无法直接测出，导致数据不足无法测量的情况。如第6小组即遇到这种情况，其生成的实践报告如表4-5所示。

表4-5 第6小组的实践报告

课题	测量威斯广场公寓大楼的高度
参加人员	黄丽盈、何晓柔、胡烨、何倩瑶、黄嘉盈、戈晨蓉
实验器材	标杆、皮尺
实验步骤	①测量标杆在太阳光下的影长； ②测量公寓大楼在同一时刻在太阳光下的影长。
测量示意图	

测量数据	次数	数据			
		AB	BC	EF	DE
	第一次	2	1.5		
	第二次				

计算	高度计算过程（精确到0.1米） $\because AC // DF$ $\therefore \angle ACB = DFE$ 又$\because \angle ABC = \angle DEF$ $\therefore \triangle ACB \sim \triangle DFE$ $\therefore \dfrac{AB}{DE} = \dfrac{BC}{EF}$ 又$\because EF$ 的长度无法测量 $\therefore DE$ 求不出来
反思	参照课本上利用阳光下的影子是可以测出楼高的，但实际测量时，不能直接翻越围墙，跨过护校河去测影长。公寓大楼的影长无法直接测出，导致数据不准，测量任务失败。

展示二：测量成功案例

（1）测量两个仰角，各两次，分别计算，取两次计算结果的平均值为最终结果。

根据要求，第3小组成员展开测量，生成相应的实践报告（见表4-6）。

表4-6　第3小组的实践报告

课题	测量威斯广场公寓大楼的高度
参加人员	劳健恩、黄赛武、陈颖欣、黄宝盈、钟瑶彤、杨灿、刘承智
实验器材	皮尺、测角仪
实验步骤	①测量测角仪的高度为1.2米； ②测出在A处大楼的仰角α； ③往大楼方向走20米，测出在G点时大楼的仰角β； ④整理数据，计算BF的长度。
测量示意图	

测量数据	次数	数据			
		α	β	AD	DE
	第一次	38°	43°	1.2	20
	第二次	36°	42°	1.2	20

| 计算 | 高度计算过程（精确到0.1米）

第一次：∵ 在 $Rt\triangle BCG$ 中，$\beta=43°\tan\beta=\dfrac{BC}{CG}=0.93$

∴ 设 $BC=x$，$GC=\dfrac{x}{0.93}$，$AC=AG+CG=20+\dfrac{x}{0.93}$

∵ 在 $Rt\triangle ACB$ 中，$\tan\alpha=\dfrac{BC}{AC}=0.78$ 即 $\dfrac{x}{20+\dfrac{x}{0.93}}=0.78$ |

（续上表）

	$\therefore x = 97.5$，$BF = 97.5 + 1.2 = 98.7$ 第二次：$\because$ 在 Rt$\triangle BCG$ 中，$\beta = 42° \tan \beta = \dfrac{BC}{CG} = 0.9$ $\therefore$ 设 $BC = x$，$GC = \dfrac{x}{0.9}$，$AC = AG + CG = 20 + \dfrac{x}{0.9}$ $\because$ 在 Rt$\triangle ACB$ 中，$\alpha = 36° \tan \alpha = \dfrac{BC}{AC} = 0.73$ 即 $\dfrac{x}{20 + \dfrac{x}{0.9}} = 0.73$ $\therefore x = 76.8$，$AF = 76.8 + 1.2 = 78$ 结果取两次计算的平均值：$\dfrac{98.7 + 78}{2} = 88.35$
反思	①测角仪没有与地面垂直； ②测量同学眼睛离测角仪太远，误差大。

（2）测量两个仰角，各两次，取两次角度平均值，再计算，得出最终结果。

根据要求，第 2 小组成员展开测量，生成实践报告（见表 4 - 7）。

表 4 - 7 第 2 小组的实践报告

课题	测量威斯广场公寓大楼的高度
参加人员	梁嘉慧、陈锐、席姗、谭文诗、罗宛媛、张天悦
实验器材	皮尺、测角仪
实验步骤	①测量测角仪的高度为 1.2 米； ②把测角仪固定在皮尺的零刻度线处； ③测出在 A 处大楼的仰角 α； ④往大楼方向走 30 米，测出在 F 点时大楼的仰角 β； ⑤角度取平均值，进行计算。
测量示意图	

（续上表）

测量数据	次数	数据			
		α	β	AD	DE
	第一次	37°	48°	1.2	20
	第二次	38°	44°	1.2	20
	平均值	37.5°	47°	1.2	20
计算	高度计算过程（精确到0.1米） $\tan 47° = 1.07$，$\tan 37.5° = 0.77$ ∵ 在 $Rt\triangle CBF$ 中，$\tan\beta = \dfrac{BC}{BF} = 1.07$ ∴ 设 $BF = x$，$BC = 1.07x$，$AB = x + 30$ ∵ 在 $Rt\triangle ACB$ 中，$\tan\alpha = \dfrac{BC}{AB} = 0.77$ 即 $\dfrac{1.07x}{30 + x} = 0.77$ ∴ $x = 77$，$BC = 1.07x = 82.4$ ∴ $CE = BC + BE = 82.4 + 1.2 = 83.6$					
反思	①测角仪没有与地面垂直； ②测量同学眼睛离测角仪太远，误差大。				

（3）利用《海岛算经》测量高度。

第1小组利用《海岛算经》里的知识来展开测量，得到实践报告（见表4-8）。

表4-8　第1小组的实践报告

课题	测量威斯广场公寓大楼的高度
参加人员	梁明欣、冯巧琳、吴荣、黄千千、黄海霖、戈晨蓉
实验器材	标杆、卷尺
实验步骤	①测量从点 A 走到点 F 的距离，其中在 F 点观察到 A、C、F 在同一直线上； ②测量从点 D 走到点 G 的距离，其中在 G 点观察到 G、E、A 在同一直线上； ③测量两标杆之间 BD 的距离； ④计算大楼的高度。

（续上表）

测量示意图	

测量数据	次数	数据		
		BF	DG	BD
	第一次	2.4	3	41.4
	第二次	3.2	4.2	65.8

计算	高度计算过程（精确到 0.1 米）
	$\because \angle H = \angle CBF$，$\angle AFB = \angle AFH$　　$\therefore \triangle CBF \backsim \triangle AFH$
	$\therefore \dfrac{BC}{AH} = \dfrac{BF}{FH}$ 即 $\dfrac{1.2}{AH} = \dfrac{2.4}{2.4 + BH}$　　①
	$\because \angle G = \angle G$，$\angle EDG = \angle H$　　$\therefore \triangle EDG \backsim \triangle AHG$
	$\therefore \dfrac{ED}{AH} = \dfrac{DG}{GH}$ 即 $\dfrac{1.2}{AH} = \dfrac{3}{3 + 41.4 + BH}$　　②
	$\therefore$ 由①②得：$AH = 84$

反思	①通过阅读书本第104页《海岛算经》后发现在没有太阳光和测角仪的时候，可以借助两个三角形相似的原理来求解； ②测量时，注意要多观察几次，长度要测量准确。

（二）活动评价

项目式学习评价方式要过程性评价与总结性评价相结合，还要使用表现性评价。设计项目评价方案，既可以让学生积极参与项目式学习过程的每一个环节，又可以引导、监督项目式学习的开展，帮助学生自我评估，确保小组活动有序开展。

1. **完成学生自评定量分析评价表**

学生在项目式学习结束后，要填写学生自评定量分析评价表，如表 4 - 9 所示。

表4-9　学生自评定量分析评价表

评价内容	评价标准				得分
	4分	3分	2分	1分	
资料收集、加工、整理能力	能主动通过多种途径搜集资料、分类整理，并根据合理性进行取舍	能利用互联网查找资料、归类整理，但在取舍资料时需求助同学或老师	在他人启发下，能搜集、整理资料	搜集资料目标不清、只能拼凑零散内容	
交流、合作、表达能力	积极主动参与小组讨论，引导组员一起合作，并能发表有价值的观点	乐于思考，能在讨论中发表自己的观点	在他人启发下，能说出自己的观点	在讨论中表现较为被动，没有自己的观点	
发现问题和提出问题的能力	善于思考能主动提出行之有效的测量方案，并在实际操作中及时调整方案，测出有价值的数据	能提出测量方案，并测出大致数据	在他人启发下，能提出测量方案，但无法测量具体数据	对他人提出的问题，能参与思考	
分析问题和解决问题的能力	能根据数据计算出威斯广场公寓大楼的高度，并能建立模型	能根据数据大致计算出威斯广场公寓大楼的高度	在他人启发下，能计算出威斯广场公寓大楼高度，但结果有误差	需要同学帮助才能勉强完成自己承担的任务	
撰写报告的能力	观点鲜明，语言流畅，能准确说明测量高度的思路及方法	能较好地说明测量高度的思路及方法	报告内容完整，但重点不突出	在他人帮助下，能完成简单报告的撰写	

2. 综合评价

主题学习活动结束后，填写主题学习成果评价量规，如表 4 – 10 所示。

表 4 – 10　主题学习成果评价量规

评价指标	评价内容	得分		
		自评	互评	教师评
在活动中参与的态度	认真参加每次活动			
	努力完成自己承担的任务			
	做好资料收集和处理工作			
	主动提出自己的设想			
	乐于合作，能和同学交流，尊重他人			
	实事求是，尊重他人的想法与成果			
	不怕吃苦，勇于克服困难			
活动中的知识学习能力、实践能力	善于提问，乐于研究，勤于动手			
	在"反思"中前进			
	能通过多种途径获取信息			
	能运用已有知识解决问题			
	有好奇心、探索欲			
	能独立思考，自主学习，主动发现问题，提出问题，寻求解决问题的方法			
	能积极实践，发挥个性特长，施展才能			
总评	星星总数÷3			
	（总自评＋总互评＋总师评）÷3			

注：评价结果分五个星级。其中，五星表示优秀；四星表示较好；三星表示一般；两星表示尚可；一星表示仍需努力。

四、活动成效与反思

初中数学"综合与实践"领域的教学活动，以解决实际问题为重点，以跨学科主题学习为主，以真实问题为载体，采取主题活动或项目式学习的方式，通过综合运用数学和其他学科的知识与方法解决真实问题，着力培养学生的创新意识、实践能力、社会担当等综合素质。

项目式学习的根本特征是教师将学科知识嵌入真实项目，学生通过完成项目来建构知识体系和发展能力，在项目式学习中，学生的学习产出大多是真实的作品，如设计方案、模型、实验报告、产品等。初中数学新课标也明确提出在初中数学教学中应注重数学活动的实施，而初中数学"综合与实践"是数学教育必不可少的补充，是帮助学生理解数学知识，培养发散思维，活学活用，形成牢固的模型印象，夯实基本技能，掌握数学思想方法，进行思维训练的好素材。

（一）真实情境启发探究学习

"生活中物体高度的测量"这一项"综合与实践"活动，是由真实问题驱动的学习探究活动：学生在一个真实的问题情境中产生学习的需要，通过小组合作提出问题，综合运用相似三角形和解直角三角形等知识，灵活选择或制作测量工具，经历方案的设计、实施、总结，提升"做"数学、"用"数学的能力，体会解决问题的快乐。

本次"综合与实践"活动，取材自生活和教材，给学生创造了一个完整、真实的问题情境，使学生产生问题解决的需要，并综合运用初中数学多个核心知识，结合物理中的光学知识（平行投影和镜面反射），在生活体验、资料查阅和实物制作的过程中深化对数学知识的理解（如在测量实践中发现各种方法的局限性），体会数学知识源于生活又服务于生活，化"外驱"为"内需"，化"封闭"为"开放"，化"孤立"为"融合"。这样的"综合与实践"活动显然能有效激发学生的探究热情，提升他们的应用意识，提高其综合运用能力和实践创新能力。

（二）实践操作驱动问题解决

本次的项目式学习，学生针对需要测量的建筑物，利用已有知识和经验，制订了不同的测量方案。当他们满怀信心地带着自己的方案去实施测量时，发现仍存在很多问题：如找不到合适的测量器材，或器材太简陋无法支撑实际的测量；用目测、脚步长等来估算一些测量数据，误差太大；仪器摆放随意，导致测量数据偏差过大等。通过不断的尝试和改进，才得到相对较稳定、准确的数据，当然，此过程也让学生切身体会到"失之毫厘，差之千里"。与此同时，在测量过程中也产生了诸多新的思考，如利用相似测高时，发现无法测出监测点到建筑物的距离，这时应如何修改方案？利用测角仪测高度时，只测一个角能否得出数据？当问题摆在面前时，学生针对问题，探索原因，再次寻找并实施解决办法，其发现问题和解决问题的能力在这个过程中得到提升。在不断地改进和反思中，学生发现解决策略不唯一（见图4-13）。

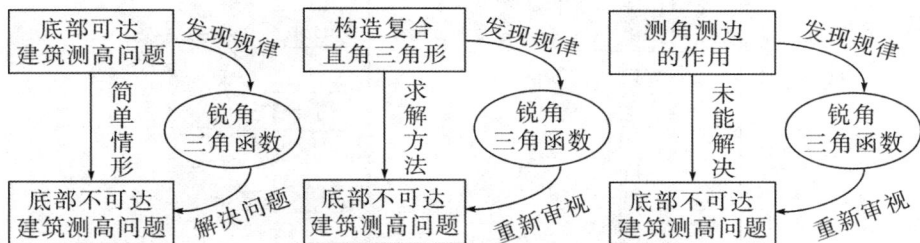

图4-13　高度测量中问题的解决策略

（三）展示反思促动素养渗透

实地测量计算后展示、反思，分析活动过程，深入思考活动结果：①如何将实际问题转化为数学问题。②如何获得解决问题所需要的数据。③在活动中怎样进行团队合作。④联系实际，学会反思，总结教训。以上这些，对培养学生的综合素质，无疑具有重要的现实意义。

本次"综合与实践"活动内化了学生的数学素养：学生进行了交流、表征、作图、观察、测量、分析、论证、简化、建模、计算、反思等活动；为了分析各种方法的数学原理，学生查阅资料，归纳方法；制订方案，实地测量，将原理应用到实际情境中，建立模型；最终计算出大楼高度，撰写报告，进行成果展示，从而各项核心素养得到提升，具体如图4-14所示。

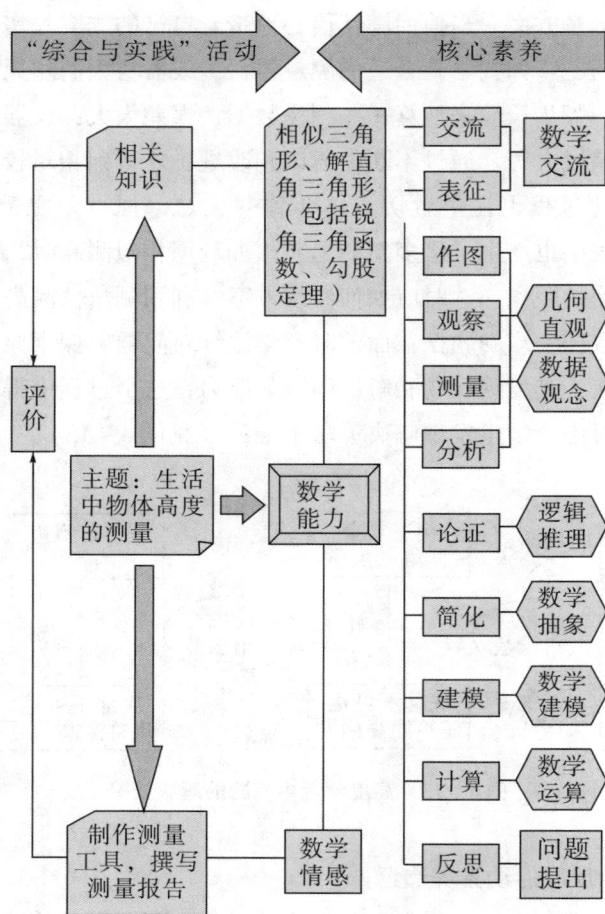

图 4 – 14 "综合与实践"活动内化学生的核心素养

根据项目式学习的特点，以及已有的教学尝试，学生通过"选定项目主题、创设问题、任务驱动、完成报告、展示交流、总结迁移"等开展学习。项目式学习使学生更深刻地理解"数学来源于现实，并应用于现实"，极大地激发了学生学习数学的兴趣，增强了其解决实际问题的能力，培养了他们的学科核心素养。

第二节 《猜想、证明与拓广》的教学设计

一、教学内容分析

(一) 教学内容

本节课是北师大版教材九年级数学上册的"综合与实践"《猜想、证明与拓广》第一课时的内容。在这节课上，学生将通过经历猜想、证明、拓广的过程，积累探索和发现问题的经验，并综合运用所学的知识，形成对数学的整体性认识。

(二) 内容分析

"综合与实践"是初中数学四大领域之一的重要内容，它的设计意图在于综合之前某领域内所学的知识，加深知识间的联系和理解，并在数学内部不同领域之间建立联系，或将数学内容与其他学科内容进行贯通，建立起数学与其他学科的联系。本课是在学生已经完成平行线的证明、三角形的证明、一元二次方程和反比例函数学习的基础上，以开放性和研究性为主要特点的教学内容。主要目的是给学生提供一个思考、研究的平台，在活动中体会和掌握猜想、证明与拓广的数学思维模式，对数学最本质的思想和方法进行总结和梳理，同时培养处理问题的策略和方法，积累数学活动的经验。因此，这节课在数学学习中具有非常重要的思维训练意义。

(三) 教学重点

(1) 经历猜想、证明、拓广的过程，积累探索和发现问题的经验。

(2) 综合运用所学知识，形成对数学的整体性认识。

二、教学目标分析

1. 教学目标

(1) 经历猜想、证明与拓广的过程，掌握猜想、证明与拓广的方法，培养问题意识和自主探索的能力，获得探索和发现问题的体验。

（2）在问题解决过程中综合运用所学知识，体会知识之间的内在联系，对数学形成整体性认识。

（3）在探索过程中，感受由特殊到一般、数形结合的思想方法，体会证明的必要性。

（4）在合作交流过程中扩展思路，发展推理能力，培养团队合作精神。

2．目标分析

本课的学习主题是一个开放性和研究性的问题，教学计划按照数学方法进行设计。课程的核心问题围绕着"是否存在与已知图形周长和面积同时成倍增长的图形"。学生在探索这类问题时，可以深化对数学概念的理解。在实施教学的过程中，我们将以自然、启发性的方式引导学生对问题进行思考和探究，从而使学生能够理解和掌握数学知识的形成与发展过程。"问题情境—猜想—验证—发现规律—证明—拓广"的数学模式和从特殊到一般、数形结合的数学思想方法是本课需要重点掌握的内容。本课的重点并非解决某个具体问题，而是培养学生的猜想、证明和拓广能力。为了完成这个目标，教师将在学生经历猜想、证明和拓广的每个阶段后，及时引导他们进行反思和提炼，总结方法以培养相关能力。

三、学生学情分析

九年级的学生通常具备较高的整体推理意识和推理能力。不过，他们往往倾向于对明确的问题进行常规证明，而在尝试判断某个命题的真实性时可能会感到困惑，没有从特殊例证中寻找规律的经验。

多数九年级学生通常还没有很好地掌握综合运用不同知识的能力，对于一个问题的思考方法往往局限在一种或两种，不能很好地拓展思路。因此，作为教师，在解题策略上应发挥引导作用，并充分利用小组合作学习的资源，以提高课堂教学效率。

九年级的学生在解题方面表现出强烈的解题意识，但相对而言，他们的问题意识较为薄弱。在将一个问题进行拓展，以发现其他相关结论或提出新问题方面，学生可能还不够得心应手。因此，在教学过程中，应注重引导学生深入挖掘问题的控制条件，通过改变特定条件来进行合理的拓展，培养学生的思维能力。

四、教学策略分析

(一) 教学策略

1. 基于学情整合教材

由于学生缺乏利用特例来发现规律的意识，教师为了使学生更好地理解和掌握数学规律，对教材内容可进行适度的整合。首先，可将"正方形倍增问题"具体化为："当正方形的边长分别为1，2，3时，是否存在周长和面积同时扩大2倍的正方形？"然后，通过问题引领，让学生充分经历猜想。在这个过程中，教师强调特例研究的重要性，并引导学生感悟在特例研究基础上进行合理猜想的方法。通过这种方式，学生可以更好地理解和掌握数学规律，提高数学学习的兴趣和效果。

2. 基于课型活动教学

根据初中数学"综合与实践"课程的特性，笔者选择采用活动教学法，目的在于更好地激发学生的积极思维，同时为他们提供更开放的研究空间。为此，笔者特别设立了"初探倍增问题"和"再探倍增问题"两组探究活动。

在"初探倍增问题"环节，笔者让学生充分经历"感悟猜想—体会证明—学会拓广"的全过程。同时，适时引导学生反思每个阶段性过程中所使用的思想方法，以帮助他们真正领悟数学最本质的研究方法，提升他们的数学探究能力和思维能力。

在"再探倍增问题"环节，笔者采用了"策略探讨—开放探究—方法荟萃"的研究策略。通过这种方式，让学生在问题解决过程中加深对猜想、证明、拓广的理解和运用，从而真正做到领悟方法、学以致用。

通过这两组活动的设计，学生能够更深入了解数学研究的方法和思路，也有利于培养他们的数学探究精神和思维能力。这样的教学方法也可以更好地激发学生的学习兴趣和积极性，帮助他们更好地理解和掌握数学知识。

(二) 学法策略

为了有效地达成教学目标，根据教学内容的特性和学生的学习需求，本节课采用学生小组合作学习的方式。这种方式旨在为学生提供一个合作开放的平台，展示他们独特的自我风采。在有限的时间内，这种方式能够激发集体智慧，展示多种思维，以提高课堂学习的效率，突出学生的主体地位。通过小组合作，学生能够在互动和交流中互相学习，互相帮助，从而提高学习效果。

（三）预期效果分析

在设计本节课之前，笔者充分考虑了学生已有的知识基础、所授课班级的学情和九年级学生的认知特点。通过反复研究教学内容，明确了"培养学生猜想、证明与拓广的能力"这一教学目标的重点和难点。因此，通过本节课的学习，学生将在思维方法和能力培养方面有一定的收获。他们将对数学有更深的认识和领悟，对以后的学习与生活产生深远的影响。

五、教学流程

具体教学流程如图 4 – 15 所示。

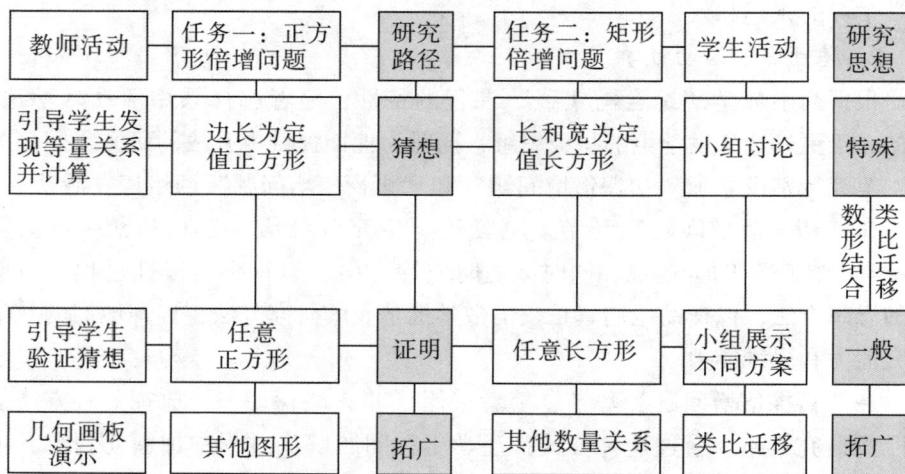

图 4 – 15　教学流程

六、教学过程

任务一：探究正方形倍增问题。

环节 1：特殊正方形倍增问题——猜想。

问题 1：已知边长为 1 的正方形，是否存在另一个正方形，使它的周长和面积分别是已知正方形周长和面积的 2 倍？

表 4 – 11

	已知正方形	所求正方形	所求正方形
边长	1	？	？
周长	4	8（周长固定为 2 倍）	？
面积	1	？	2（面积固定为 2 倍）

问题 2：若已知正方形边长为 2 呢？若已知正方形边长为 3 呢？

问题 3：观察并研究以上问题后你能得出什么猜想？你是怎么做的？都有哪些解决方法？

【学生活动】

学生通过计算得出结论，反思得出猜想的过程，初步体会猜想是在对具体事例的研究结论的基础上通过类比或归纳得出的具有普遍性的结论。猜想前所需经历的重要过程就是特例尝试。

【活动方式】

小组合作解决上述问题，研讨后得出本组的猜想，汇总小组的活动成果，展示学生的猜想。

【教师活动】

教师引导学生通过计算得出猜想：对于一个正方形，不存在另一个正方形，它的周长和面积分别是已知正方形周长和面积的 2 倍。

【设计意图】

通过对学生学情的分析，不难发现学生缺乏合理化猜想方面的训练。将教材中的任意正方形倍增问题改成了让学生先通过研究几个特例，然后观察和分析，从中得出任意正方形倍增问题的猜想。通过这样的学习过程，学生可以从中体验到猜想的自然生成过程，并且可以提炼出进行合理化猜想的方法。培养学生猜想的能力就可以真正实现。

环节 2：任意正方形倍增问题——证明。

问题 4：任意给定一个正方形，是否存在另一个正方形，它的周长和面积分别是已知正方形周长和面积的 2 倍？

表 4 - 12

	已知正方形	所求正方形	所求正方形
边长	a	?	?
周长	$4a$	$8a$（周长固定为 2 倍）	?
面积	a^2	?	$2a^2$（面积固定为 2 倍）

【学生活动】

学生思索，意识到通过几个特例得来的猜想不一定适用于所有正方形，必须经过证明才可以，从而体会到证明的必要性，用字母表示边长，得到一般性的结论，或利用相似的知识解释。

问题 5：能证明或验证你的猜想是否正确吗？

【学生活动】

小组合作研讨并证明"任意给定一个正方形，不存在另一个正方形，它的周长和面积分别是已知正方形周长和面积的 2 倍"，然后学生展示本组的思维论证方法和过程。

【设计意图】

在本题的证明中，主要运用了反证法。学生可能会采用多种方法来解决问题，包括相似、解方程等不同的方法。教师鼓励学生从多个角度思考问题，实行一题多法的策略。同时，教师及时纠正学生在表述中可能出现的思维错误，并注重学生对反证法的理解。这样的教学方法旨在培养学生的思维灵活性，锻炼他们综合运用各种知识解决问题的能力。通过培养学生的综合能力，发展学生更全面的思维模式，使他们能够更好地应对各学科学习中遇到的挑战，为今后的学习和发展奠定坚实的基础。

问题 6：能试着总结一下我们刚才解决问题的过程和方法吗？

环节 3：其他图形倍增问题——拓广。

问题 7：你还能提出哪些新的问题？

圆、等边三角形、正多边形、等腰三角形、矩形、菱形等的倍增问题。

【设计意图】

本环节的开放性很高，教师需要清晰地把握所有可能出现的问题，对课堂进行充分预设。只要学生能按照一定的方向提出新的问题，就值得鼓励。这一环节的设计目的在于培养学生的扩展能力和有条理的思考能力，并帮助他们学会分析问题和解决问题的方法。教师的指导将有助于学生建立清晰的思维模式，并为他们以后的学习和发展打下坚实基础。

随着以上问题的解决，学生经历了一个完整的思维过程，即"猜想—证明—拓广"。他们在此过程中明白了要得到合理的猜想，需要通过特例的尝试。而猜想的正确性则需要进行一般化的证明或反证论证，需要注重多方位和多角度的思考。从特例尝试到一般化证明是数学探究中最常见的方法，也就是由特殊到一般的推导。拓广则是举一反三，是思维的更高一层境界。我们可以在分析问题影响因素的基础上控制一些因素不变而改变某一因素，从而将问题进行拓广，科学知识体系就是在"猜想—证明—再猜想—再证明"的循环中不断发展的。掌握猜想、证明与拓广这种数学思维模式，将有助于提升学生的研究能力，并能够帮助学生自如地应对相关问题。

任务二：探究矩形倍增问题，应用猜想、证明与拓广。

环节1：特殊矩形倍增问题——猜想

问题8：正方形是特殊的矩形，我们已经证明了正方形的结论，它的进一步拓广就是矩形。下面，我们类比正方形的研究路径，先从一个长为2、宽为1的矩形开始。

如表4－13所示，矩形 $ABCD$ 长为2，宽为1，是否存在另一个矩形，它的周长和面积分别是已知矩形周长和面积的2倍？

表4－13

已知	已知矩形	所求矩形
长	2	x
宽	1	y
周长	6	12
面积	2	4

【学生活动】

以小组为单位进行探究活动，每个小组选择一种情况进行验证，整理并写出完整的解答过程，尝试用不同方法解决问题。最后小组代表展示小组验证过程。

方案一：设所求矩形的长为 x，根据所求矩形的周长为12可得宽为 $(6-x)$，则面积为 $x(6-x)$，满足关系式 $x(6-x)=4$，转化为一元二次方程 $x^2-6x+4=0$。计算可得矩形的长为 $3+\sqrt{5}$，宽为 $3-\sqrt{5}$，存在这样的矩形。

方案二：设所求矩形的长为 x，根据所求矩形的面积为 4，可得宽为 $\dfrac{4}{x}$，则周长为 $2(x+\dfrac{4}{x})$，满足关系式 $2(x+\dfrac{4}{x})=12$，转化为分式方程为 $x+\dfrac{4}{x}=6$。计算可得所求的矩形长为 $3+\sqrt{5}$，宽为 $3-\sqrt{5}$，存在这样的矩形。

方案三：设所求矩形的长为 x，宽为 y，那么满足方程组 $\begin{cases} x+y=6 \\ xy=4 \end{cases}$。由 $x+y=6$，可得 $y=6-x$，将其代入 $xy=4$，可得 $x(6-x)=4$，求解出 x 的值即可。

方案四：设所求矩形的长为 x，宽为 y，那么满足方程组 $\begin{cases} x+y=6 \\ xy=4 \end{cases}$。观察这两个方程，将其转化为一次函数 $y=-x+6$ 与反比例函数 $y=\dfrac{4}{x}$，这样把方程组的解可看作这两个函数图像的交点。观察图像（见图 4–16）可得方程组有解，因此，存在这样的矩形。

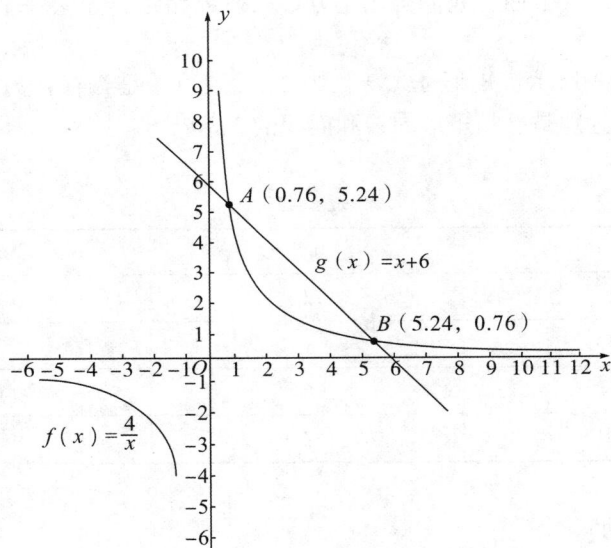

图 4–16

【教师活动】

在猜想环节中，教师引导学生发现可将图形问题转化为方程问题，方程的解又可借助函数图像来解决，真正做到数形结合。同时，教师可用几何画板演示给学生看，达到思维可视化的效果。

环节 2：任意矩形倍增问题——证明

问题 9：你能类比特殊矩形的思路，验证任意矩形倍增问题吗？

如表 4 – 14 所示，任意给定一个矩形，长和宽分别为 m 和 n。是否存在另一个矩形，它的周长和面积分别是已知矩形周长和面积的 2 倍？

表 4 – 14

已知	已知矩形	所求矩形
长	m	x
宽	n	y
周长	$2(m+n)$	$4(m+n)$
面积	mn	$2mn$

【学生活动】

先让学生小组合作探究，类比特殊矩形的几种思路验证结论。

方案一：设所求矩形的长为 x，根据所求矩形的周长为 $4(m+n)$，可得宽为 $[2(m+n)-x]$，则面积为 $x[2(m+n)-x]$，满足关系式 $x[2(m+n)-x]=2mn$。转化为一元二次方程 $x^2-2x(m+n)+2mn=0$。判别式 $\Delta=4m^2+4n^2$，计算可得矩形的长为 $m+n+\sqrt{m^2+n^2}$，宽为 $m+n-\sqrt{m^2+n^2}$，存在这样的矩形。

方案二：设所求矩形的长为 x，根据所求矩形的面积为 $2mn$，可得宽为 $\dfrac{2mn}{x}$，则周长为 $2(x+\dfrac{2mn}{x})$，满足关系式 $2(x+\dfrac{2mn}{x})=4(m+n)$，转化为分式方程为 $x+\dfrac{2mn}{x}=2(m+n)$。计算所得矩形的长为 $m+n+\sqrt{m^2+n^2}$，宽为 $m+n-\sqrt{m^2+n^2}$，存在这样的矩形。

方案三：设所求矩形的长为 x，宽为 y，那么满足方程组 $\begin{cases} x+y=2(m+n) \\ xy=2mn \end{cases}$。类比上面的解法，将其转化为一元二次方程即可求解。

方案四：设所求矩形的长为 x，宽为 y，那么满足方程组 $\begin{cases} x+y=2(m+n) \\ xy=2mn \end{cases}$。观察这两个方程，将其转化为一次函数 $y=-x+2(m+n)$ 与反比例函数 $y=\dfrac{2mn}{x}$，这样把方程组的解可看作这两个函数图像的交点。观察图像（图4-17、图4-18）可得方程组有解，因此，存在这样的矩形。

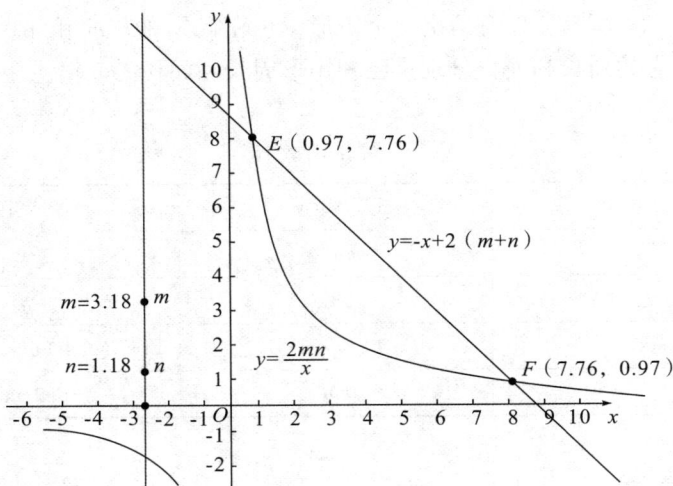

图 4-17

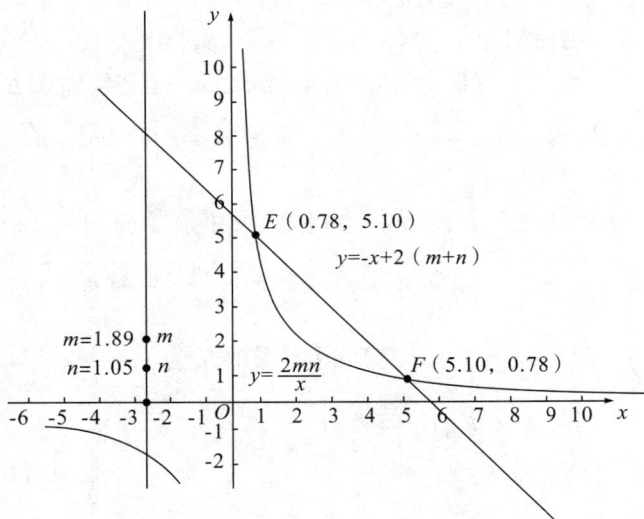

图 4-18

问题10：总结你的思路并说说解题的步骤。

【教师活动】

在小组探究活动中，教师不断观察，当发现学生有困惑时，要及时进行点拨。在小组展示环节充分肯定学生的方法及思路，提高他们学习数学的兴趣。

最后，要利用几何画板动态演示当 m，n 取值变化时，两种函数始终有两个交点，代表这样的矩形是存在的。

【设计意图】

在正方形倍增问题的基础上，为了提高课堂效率并拓宽学生思维的广度，笔者采取了小组合作探究的方式。学生通过研究特例来探索结论，并进行存在与否的判断，再进行一般化的证明。在课堂巡视中，当笔者观察到学生存在问题或有困惑时，及时给予指导。小组经过充分的研讨后，各组派代表来展示他们的思维成果，其他组进行补充。在证明过程中，学生可能会采用列二元方程组、一元二次方程或分式方程来解决问题，也可能会将方程组转化为函数表达式，并利用函数图像进行解决。教师要肯定学生采用的这些方法，培养学生的思维灵活性和解题方法多样性，使他们积累解题经验，学会综合运用各种知识。小组研究汇报结束后，根据学生表述的情况，教师可以通过几何画板来进一步展示、明确和规范思维过程和推理过程，培养学生多样化的思维能力和规范化的推理能力。

环节3：任意矩形其他数量关系——拓广。

问题11：在正方形倍增问题的学习中，我们已经把图形拓广到其他图形，学习了矩形倍增问题，大家还可从哪些方面进行拓广？

【学生活动】

学生各抒己见，发现可以研究矩形长与宽的减半、3 倍等关系。

【教师活动】

教师可根据学生的回答布置课后小任务，让学生类比研究矩形倍增问题路径，研究矩形的减半、3 倍关系的存在性问题。

【设计意图】

通过这个环节的活动，让学生再次体会"猜想—证明—拓广"这一完整的思维过程，让学生的数学思维得到进一步提升，实现深度学习的目的。

七、教学反思

本节"综合与实践"基于任务群问题链设计以"猜想—证明—拓广"的方式展开（见图 4-19），引导学生经历了一堂课的探究后提出一些新的问题。在教学过程中，鼓励学生主动参与观察、实验、猜想、验证、推理与交流活动，了解不同的思考途径将带来不同的新认识，更进一步适时引导学生总结获得的知识规律以及解决问题的方法，并将它们上升到方法论的层面，如从不同角度思考问题的思维方式及学会积累生活的经验，使学生体验"数学化"的进程。随后，在探索过程中着重有计划地教授处理问题的策略和方法。数学本来就是一个整体，不同知识之间有着密切的联系，因此，我们有必要设计一些教学活动，帮助学生形成良好的整体观。

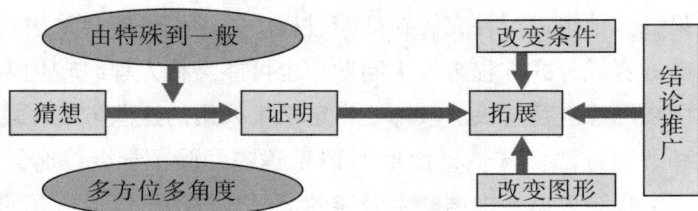

图 4 - 19　课程展开路径

第三节　《视力的变化》的教学设计

一、教学内容分析

1. 教学内容

本节课是北师大版教材九年级数学下册的"综合与实践"《视力的变化》的课程内容。在这节课上，学生将经历搜集、整理、分析数据，从而作出推断这一完整过程，并对统计过程进行反思，即对数据的来源、处理数据的方法，以及由此得到的结论进行合理的质疑，进一步发展学生的数据分析观念，切实提高学生的统计决策能力。

2. 内容分析

初中数学"综合与实践"是基于数学视角的综合应用和实践探究，是培养学生数学核心素养的重要途径。学生经过前面几个学期的学习，已经基本独立地经历了统计的各个过程，搜集了一些数据，掌握了数据表示和处理的方法，对一些现实问题作出了评判，而且基本完成了初中阶段与统计有关知识点的学习，感受了统计在现实生活中的广泛应用。但是在前面的学习中，受所学知识的限制，统计活动的各个过程是分散在不同的阶段依次进行的，学生还未真正经历从具体问题出发，提出有价值的统计问题的完整过程。本节"综合与实践"课《视力的变化》是对在初中阶段所学的统计相关知识和方法的一个总结，让学生独立运用这些知识和方法去解决实际问题，进一步体会数学与现实生活的密切联系，增强应用意识。同时，也对统计活动过程作一个概括说明，让学生进一步明确从事统计活动的基本步骤，从而认识统计对决策的作用，并发展数据分析观念。

3. 教学重点

（1）完整实施"统计过程"，让学生体验严谨性；落实"培养学生数据分析观念"。

（2）用统计方法分析实际问题，并作出推断。

二、教学目标分析

1. 教学目标

（1）经历"搜集数据—整理数据—分析数据—作出推断"的统计活动过程，积累统计活动经验。

（2）能通过对数据的分析为合理决策提供一些依据，认识统计的作用，体会数据的随机性，发展数据分析观念。

（3）形成对数据处理过程进行初步评价的意识，体会数学与现实生活的密切联系，增强应用意识。

2. 目标分析

教师在课前、课上为学生提供大量动手实践、自主探究的机会。学生课前收集数据，课上估计统计量、绘制统计图表、合作交流、展示汇报，在实践中充分发挥主观能动性。学生在此过程中认识到仅具备理论知识是不够的，还需在实践中运用一定的方法和技能才能解决现实问题，感受理论知识只有运用于实践才会更有意义，体会到统计知识发挥的价值作用。"综合与实践"教学能够让学生学会解决身边的实际问题，也能让其有意识地提出更深层的问题；"综合与实践"教学的开展有利于培养学生的问题意识，让其体会重要的数学思想方法；"综合与实践"活动具有一定的难度，很多活动学生难以独立完成，需要小组合作完成，这在一定程度上培养了学生合作意识，提升了班级凝聚力。

三、学生学情分析

学生经历数据收集、整理、描述与分析的过程，积累了一些数学活动经验，已经形成了一定的合作交流能力和团队意识。

初中数学"统计与概率"的教学内容分别穿插在不同年级的教材中，并不是以完整模块的形式出现。尽管九年级的学生已经学习与统计相关的内容，但是只掌握了一些概念，并没有对知识形成系统性和综合性的认识。

四、教学策略分析

1. 教学策略

课本建议本节内容用 2 个课时完成，但是笔者认为要使整个内容更为紧凑、更高效，可设计成一个大课时。如果割裂开来会让正兴致盎然地走在探究的路上的学生突然停止前进，干扰了学生思考，效果反而没那么好。基于此，本节课设计为 60 分钟的大课时，做到一气呵成、水到渠成。

2. 学法策略

本节课是一节活动课，需要小组合作完成统计任务，组内交流，全班分享，大胆展示。

3. 预期效果分析

全程参与本课题的统计活动过程可以提高学生综合应用数学知识的能力，学生仅具备理论知识是不够的，还需在实践中运用一定的方法和技能才能解决现实问题。活动中用到的不仅仅是数学知识，还可以跨学科运用信息技术和健康教育的相关知识，让学生感受到理论知识只有运用于实践才更有意义，体会统计知识发挥的价值作用。本活动不仅能培养学生的问题意识和合作意识，还能全面提升学生的核心素养（见图 4 – 20）。

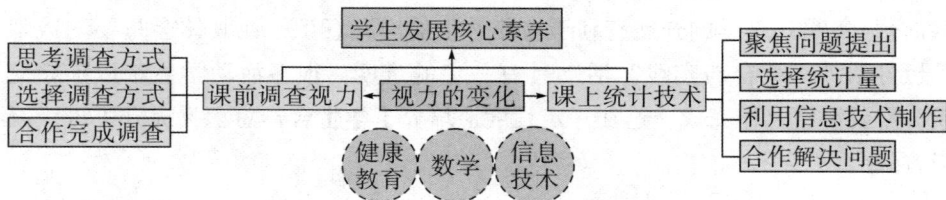

图 4 – 20   多学科知识结合

五、教学流程

本节课的教学流程如图 4 - 21 所示。

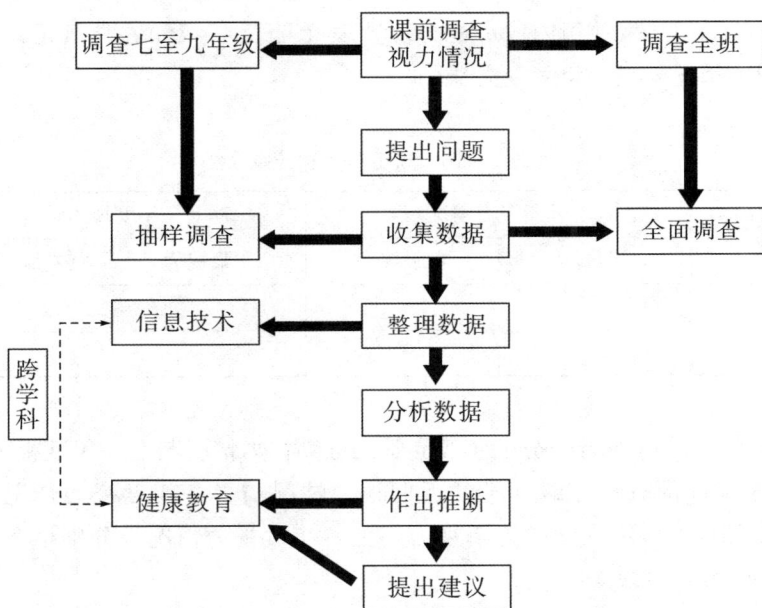

图 4 - 21 **教学流程图**

六、教学过程

"综合与实践"课程的教学任务较重,教学活动需要分课前准备阶段和课上探讨阶段两个阶段完成。

任务一:教师提前一周对班上学生进行分组(分 9 个组),并布置学习任务。

第一,给每位学生发放视力对比表(见表 4 - 15),让学生记录自己近期视力情况与上一年度视力情况。

表 4 - 15　视力对比表

姓名	近期视力情况		上一年度视力情况	
	左眼视力	右眼视力	左眼视力	右眼视力

第二，给组长发放组内成员视力统计表（见表 4 - 16），让其汇总统计组员近期视力情况与上一年度视力情况。

表 4 - 16　组员视力统计表

组员	近期视力情况		上一年度视力情况	
	左眼视力	右眼视力	左眼视力	右眼视力

安排组长 1 ~ 3 统计部分七年级同学的近期视力情况与上一年度视力情况；组长 4 ~ 6 统计部分八年级同学的近期视力情况与上一年度视力情况；组长 7 ~ 9 统计部分九年级同学的近期视力与上一年度视力情况，分别填写年级视力情况统计表（见表 4 - 17）。

表 4 - 17　年级视力情况统计表

年级班级	姓名	近期视力情况		上一年度视力情况	
		左眼视力	右眼视力	左眼视力	右眼视力
（　）年级（　）班					
（　）年级（　）班					
……					

第三，由学习委员统计全班同学的近期视力情况与上一年度的视力情况，填写视力情况统计表（见表 4 - 18）。

表 4 – 18　班级视力统计表

组别	姓名	近期视力情况		上一年度视力情况	
		左眼视力	右眼视力	左眼视力	右眼视力

第四，引导学生借助互联网自主查阅资料，了解可能引起中学生视力变化的因素。

【设计意图】

教师提前布置学习任务，给学生足够的时间搜集并整理数据，让学生从关注自己和周围同学的视力开始，体验搜集数据的过程，在实际操作过程中感悟数学与现实生活的联系。

任务二：搜集数据。

【情境导入】

教师播放全国爱眼日的相关宣传微视频。

问题 1：进入初中之后，一些同学可能会感到视力在逐渐变差，那么是否存在普遍现象呢？

【学生活动】

部分学生根据自己的生活经验回答问题 1，部分学生分享自己近期与上一年度的视力情况，然后随机选 2 位组长汇报本组成员近期与上一年度的视力情况，最后学习委员汇报全班同学的视力数据概况。

【活动方式】

先独立回答问题，然后全班分工合作搜集数据。

【设计意图】

通过微视频导入本课题，激发学生的学习热情。学生根据自己的生活经验对问题 1 的结论进行猜想，以激发学生参与统计活动的兴趣。学生在个人搜集数据、小组汇总数据和班级汇总数据中体验数据搜集汇总的过程，体会到每个个体的数据对于研究班级同学的视力情况都很重要，教师借此强调每位学生都是班集体的一员，提升学生的集体意识。

任务三：整理数据。

问题2：从学习委员汇总的表格中你能获得哪些信息？

问题3：全班同学的整体视力情况怎么样？

问题4：虽然搜集到了一大堆数据，但是我们并不能直观地看到近两年全班同学的视力变化情况，接下来应该怎么做才能直观呈现这些数据？

对全班所有的数据进行汇总，形成统计表，具体如表4-19所示。

表4-19　全班视力情况统计表

项目	视力度数												
	4.1	4.2	4.3	4.4	4.5	4.6	4.7	4.8	4.9	5.0	5.1	5.2	5.3
近期左眼	1	2	2	2	12	5	4	3	4	6	4	4	1
近期右眼	1	1	0	9	4	7	7	5	5	4	2	3	2
上一年度左眼	0	1	1	0	4	7	4	9	6	5	4	9	0
上一年度右眼	0	1	1	1	6	7	5	4	9	4	4	5	3

【学生活动】

学生能从汇总的表格中知道每一位学生的视力情况，但是当问及全班同学的整体视力情况时，还只是猜测，数据是离散的，学生联想到以前所学知识，将这些数据进行整理，用扇形统计图、条形统计图、折线统计图的形式来呈现这些数据。

【活动方式】

先独立思考，然后小组交流，积极主动回答问题。

【设计意图】

问题2~4的追问旨在让学生知道数据不经过整理无法得到准确的结论。学生通过表格粗略统计每个同学的数据，若不作整理，则杂乱无章，无法从一堆离散的数据中得到准确的结论，从而无法解决问题。学生会自然想到应用扇形、条形以及折线统计图来整理数据。

问题5：这里有50个学生的数据，你打算亲手绘制各种统计图吗？你知道有哪些工具可以制作统计图？

学生可用Excel表格的功能把这些数据进行分类，分别生成条形统计图（见图4-22）、折线统计图（见图4-23）、扇形统计图（见图4-24）。

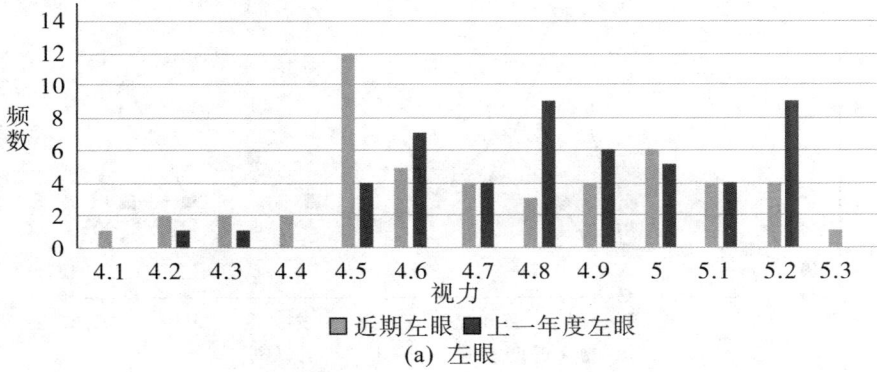

(a) 左眼

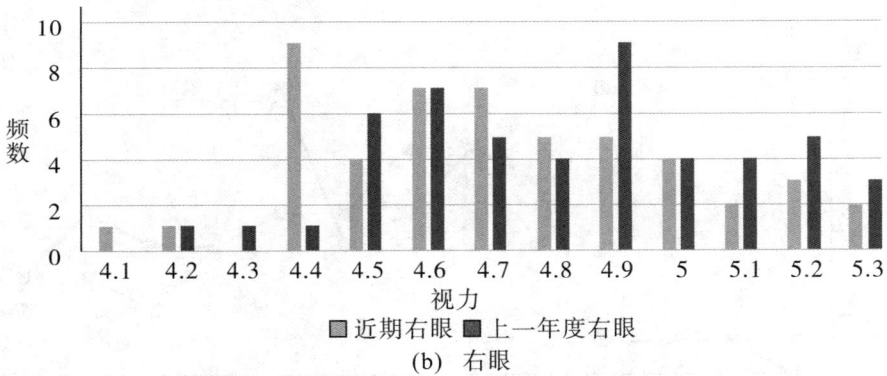

(b) 右眼

图4-22　近期视力与上一年度视力对比条形图

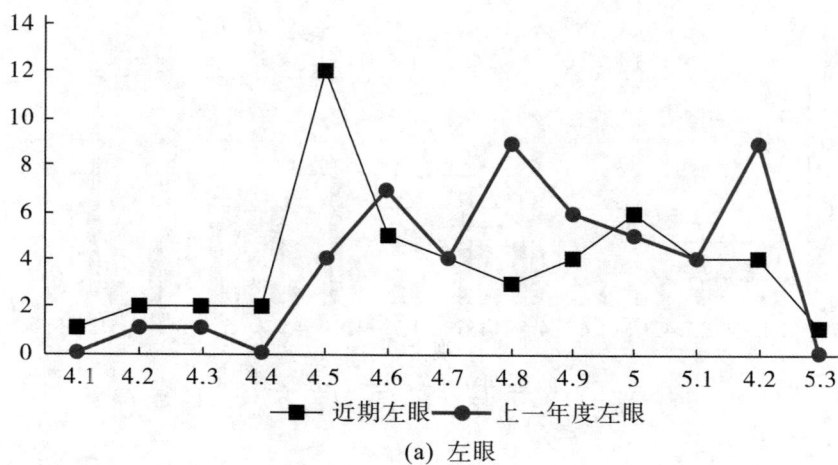

(a) 左眼

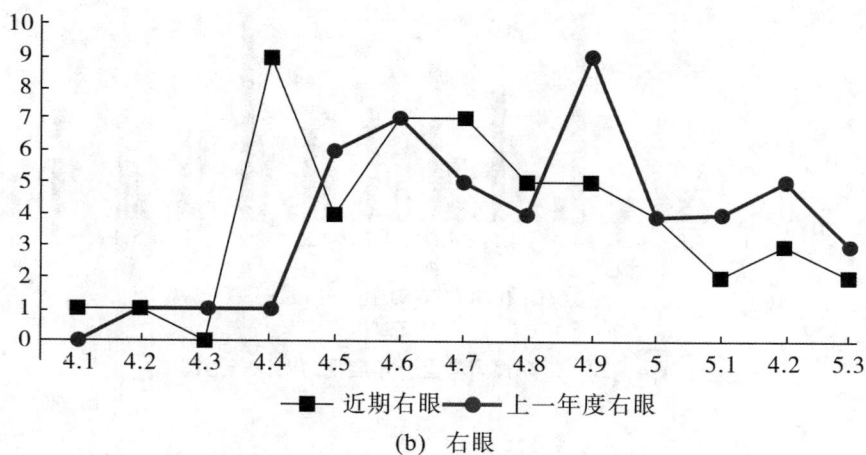

(b) 右眼

图 4 - 23　近期视力与上一年度视力对比折线图

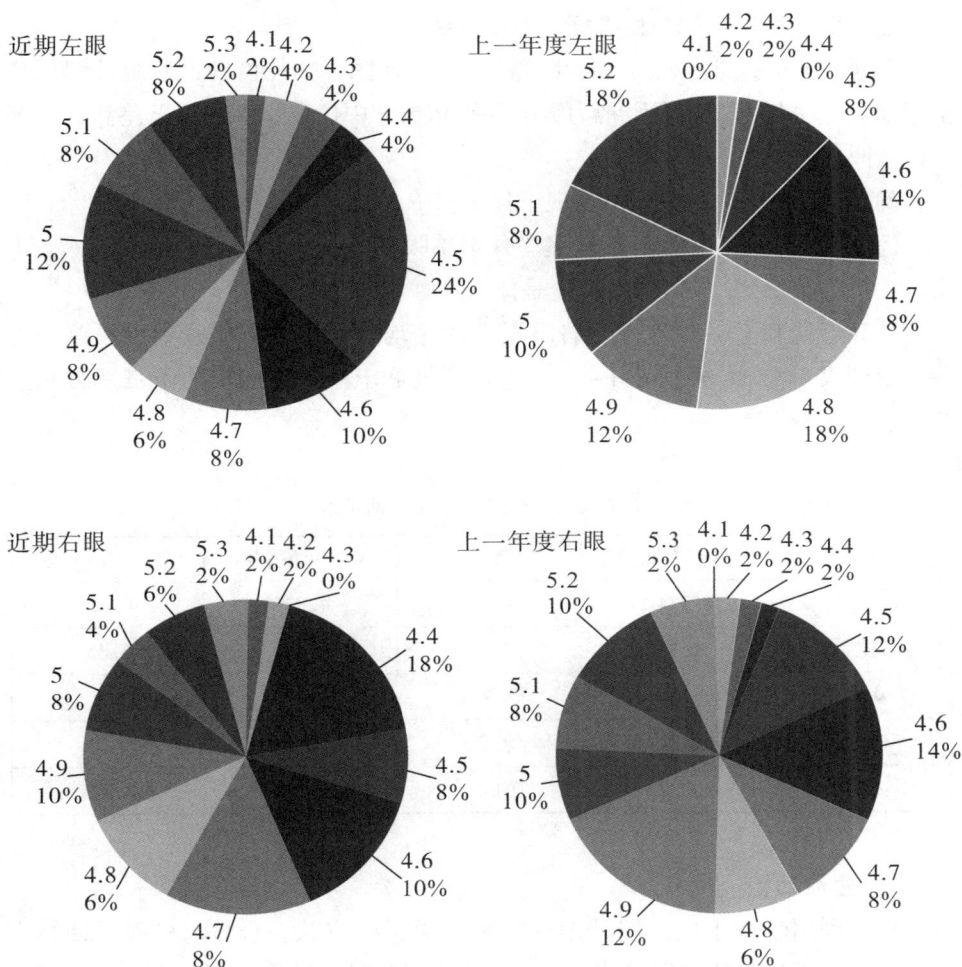

图 4-24 近期视力与上一年度视力对比扇形图

【活动方式】

利用计算机制作三种形式的统计图。

【设计意图】

制作统计图可培养学生用其他学科的工具来解决数学中的问题的应用意识。学生在信息技术课堂上已学 Excel 表格的功能，虽然数学课堂上没有学习信息技术，但是可以借助信息技术来解决数学问题，培养学生创造性解决问题的能力，实现学生核心素养的提升。

任务四：小组合作分析数据，做出推断。

问题6：同学们，观察软件生成的这些统计图，你能借助这些统计图估算出近期和上一年度左、右眼视力数据的平均数、中位数、众数、极差和方差等统计量吗？

问题7：根据这些数据你发现了什么？

问题8：分别计算视力不良率（凡是单眼视力在5.0以下的都算作视力不良），并进行比较。你得出的结论是什么？

计算近期和上一年度左、右眼视力的平均数、中位数、众数、极差和方差，得到表4-20。根据表4-20，得出近期和上一年度的视力不良率分别是82%、72%。

表4-20　全班学生视力情况表

数值	近期左眼	近期右眼	上一年度左眼	上一年度右眼
平均数	4.724	4.718	4.846	4.824
中位数	4.7	4.7	4.8	4.85
众数	4.5	4.4	5.2	4.9
极差	1.2	1.2	1	1.1
方差	0.092	0.081	0.065	0.075

【学生活动】

学生利用软件生成的统计图估算平均数、中位数、众数、极差，计算方差，充分利用信息技术提高效率，节省大量时间进行数据分析，并分享自己的发现。从表4-14不难看出，随着年龄的增长，视力的平均数、中位数、众数都在变小，而极差和方差都在变大，视力的不良率在变大。由此从数据中得到结论——自初中以来，随着年龄的增长，全班同学的视力整体上在变差。

【活动方式】

利用软件计算，小组交流讨论分析数据。

【设计意图】

学生小组合作处理数据，减轻了每位同学的工作量。学生先利用软件绘制统计图，借助统计图估算相应的数据，再结合数据交流、分享自己的发现。运用软件处理数据可以节省大量时间，学生把精力主要用在分析数据上，提升数学思维能力。

问题 9：结合整理的数据，你能深入分析大家视力变差的原因吗？学生应该如何保护视力？

【学生活动】

学生积极参与，大胆发言，讨论大家视力变差的原因。这主要有上课坐姿不端正、眼睛离书本的距离太近、用眼过度、看电子产品过多、营养不均衡、遗传等原因。此外，积极分享保护视力的方法，如认真做眼保健操，注意坐姿，眼睛与书本要至少保持 30 厘米的距离，使用电子产品要有节制，日常生活中不挑食，多补充胡萝卜素等，呼吁大家好好保护视力。

【活动方式】

积极发言，畅所欲言。

【设计意图】

让学生分析视力变差的原因，分享护眼措施等，在班里提出保护视力的倡议，使本节课的教学更有意义，充分发挥数学学科的育人价值，体现跨学科的教育理念。

任务五：继续整理数据，进一步推断。

问题 10：若要了解全校范围内学生的视力随年龄增长的变化趋势，你将如何开展统计活动？

【学生活动】

小组合作，交流讨论如何开展统计活动。前面已经经历了一次完整的统计活动过程，有了更深入的统计体验，类比一个班视力的调查统计，更大范围的调查统计还是有所不同的。在收集数据时要选取合适的样本，样本要具有代表性和广泛性，可以在全校各年级每个班随机抽查 3 名学生，对其视力进行统计。

【活动方式】

小组合作，交流讨论，全班汇报。

【设计意图】

经历了完整的统计过程后，引导学生进一步运用所学知识和经验尝试解决更为复杂的统计问题。

问题 11：统计七至九年级学生的近期视力和上一年度视力对比数据并进行分析，是否可得到与前面一样的结论（视力随着年龄的增长而逐渐变差）？

【学生活动】

小组合作统计 3 个年级学生的近期视力和上一年度视力对比数据，并利用软件制作统计图和估算统计数据，积极交流分析数据，七年级学生的视力随着年龄的增长而逐渐变差，八年级和九年级也有同样的结论。通过更广泛的调查，更严谨地证实了"视力随着年龄的增长而逐渐变差"这个结论。

七年级、八年级和九年级学生左、右眼视力数据的平均数、中位数、众数、极差与方差如表 4–21 所示。由表 4–21 可得七年级、八年级、九年级的视力不良率分别是 64%、69.8% 和 80%。

表 4–21　七至九年级学生视力情况表

数值	七年级左眼	七年级右眼	八年级左眼	八年级右眼	九年级左眼	九年级右眼
平均数	4.84	4.83	4.78	4.75	4.67	4.61
中位数	4.9	4.9	4.9	4.8	4.7	4.7
众数	5.0	5.0	5.0	5.0	4.9	5.0
极差	1.2	1.2	1.2	1.1	1.2	1.2
方差	0.102	0.090	0.088	0.082	0.145	0.153

【活动方式】

积极参与小组合作，大胆动手操作，积极思考，主动发言。

【设计意图】

复习巩固统计活动的主要步骤，为接下来的数据分析做准备。同时，让学生明白证实一个结论是否正确，样本要具有代表性和广泛性。七至九年级均由 16 个班组成，每个班随机抽取一定数量的学生组成样本一定程度上保证了数据的代表性和广泛性，统计的数据更接近正确的结论。

问题 12：回顾上面的统计过程，指出调查的问题和目的分别是什么？经历了哪些步骤？

问题 13：确定调查对象应该是什么？

问题 14：你认为如何收集数据比较方便？如何对收集的数据进行整理和统计？

问题 15：想得到一个比较客观的结论，应当对数据做哪些分析？

【学生活动】

先独立回顾前面的统计活动，然后组内充分交流，积极发言分享。

【活动方式】

个人独立思考，全班分享。

【设计意图】

在前面的活动基础上，以问题串的形式总结统计活动的基本步骤。

问题16：根据七至九年级的数据分析，不同年级学生的视力是否随年级的升高而逐渐变差？这个问题和前面课堂开头提出的问题有区别吗？

【学生活动】

仔细品读，思考这两个问题的区别，然后根据数据回答问题。开头的问题是同一个班级的学生"视力是否随着年龄的增长而逐渐变差"，而此问题是不同年级的学生"视力是否随着年级的升高而逐渐变差"，通过对比七年级和八年级的数据得到八年级学生的视力整体低于七年级学生的视力，那么可以得到"视力随着年级的升高而逐渐变差"的结论。

【活动方式】

先个人独立思考，再小组交流，最后全班分享。

【设计意图】

通过改变问题，提高学生的问题分析能力；要求学生能根据问题的改变，对收集数据的方法做相应改变，统计量过大时，采取抽样调查，用样本估计总体。这对学生的统计能力有很大的提高，要求学生能在熟悉统计步骤的情况下针对不同问题采取不同的解决方法，综合提高学生的数学统计能力。

问题17：学生的视力情况是从七年级到八年级的变化更显著，还是从八年级到九年级的变化更显著？

【学生活动】

小组结合已统计的数据进行交流，从数据不难看出，随着年级的升高，视力的平均数在变小，且从八年级到九年级的变化更显著；方差从七年级到八年级的变化不大，从八年级到九年级明显变大；中位数、众数和极差的变化不显著；视力不良率在变大，且从八年级到九年级的变化更显著。学生根据前面的分析，可以作出推断：不同年级学生的视力状况随着年级的升高而逐渐变差，并且从八年级到九年级的变化更显著。

【活动方式】

小组合作，小组分享交流，全班分享。

【设计意图】

再次提出新的问题，让学生运用统计学知识解决问题，巩固学生对统计活动的操作步骤，感受经历完整的统计过程后，落实进一步运用所学知识和经验解决更为复杂的统计问题的能力。

任务六：成果展示。

问题 18：针对中学生视力的变化状况，我们还可以研究哪些内容？

问题 19：为了更好地保护视力，你能给学弟学妹们提供哪些建议？

【学生活动】

继续以小组交流的方式讨论，根据以上的调查，视力的变化情况还可以研究哪些内容。学生提出，可以研究学生的视力情况与性别的关系等问题。结合数据给学弟、学妹提出保护视力的具体建议。

【活动方式】

小组交流，全班分享。

【设计意图】

最后这两个问题升华了本节课的主题，让学生把数学知识与生活实际相结合，认识到可以将数学与生物、信息技术等学科相结合，以此来解决生活实际问题，积累数学活动经验，体会数学的科学价值。

七、教学反思

结合"综合与实践"教学课例《视力的变化》可以看出，该过程有助于学生把数学知识与生活实际相结合，提升数学学科的核心素养。

1. 有利于提高学生综合应用数学知识的能力

基于教学的需要，初中数学"统计与概率"的教学内容穿插在不同年级的教材中，并不是以完整模块的形式安排。尽管九年级的学生已学习统计相关的内容，但只是掌握了一些概念，并没有对知识形成系统性和综合性的认识。在本课例中，教师引导学生从身边熟悉的视力问题出发，体验完整的统计过程。该课题建立起生活中的实际问题与数学问题之间的联系，为学生搭建了综合运用数学知识方法解决现实问题的平台。本课例的学习活动激发了学生主动探索和自主解决问题的兴趣，有助于提升综合应用数学知识解决实际问题的意识和能力。

2．有利于学生在实践中体会数学的价值

初中数学"综合与实践"教学重在实践。在《视力的变化》一课中，教师在课前、课上为学生提供了大量动手实践、自主探究的机会。学生课前收集数据，课内估计统计量、绘制统计图表、合作交流、展示汇报，在实践中充分发挥主观能动性。学生在此过程中意识到仅具备理论知识是不够的，还需在实践中运用一定的方法和技能才能解决现实问题，感受到理论知识只有运用于实践才更有意义，体会到统计知识发挥的价值。

3．有利于培养学生的问题意识

初中数学"综合与实践"教学以培养学生综合运用所学知识和方法解决实际问题的能力为目标，设计情境真实的问题引导学生综合运用数学学科和跨学科的知识与方法来解决问题。在本课例中，教师引导学生带着问题深入探究，学生运用统计的知识研究本班同学近两年的视力变化情况，并得出相应的结论。此外，教师也引导学生结合收集的资料深入分析视力变差的原因。在此基础上，教师启发学生不仅可以通过抽样调查收集本年级学生的视力情况，而且可以用类似的方法研究本校七年级和八年级的视力情况。可见，"综合与实践"教学能够让学生学会解决身边的实际问题，也能让其有意识地提出更深层次的问题。"综合与实践"教学的开展有利于培养学生的问题意识，体会重要的数学思想方法。

4．有利于培养学生的合作意识

初中数学"综合与实践"教学具有一定的难度，很多活动学生难以独立完成，往往需要群策群力、集思广益。学生在与他人合作的过程中，学会倾听别人的想法、发表自己的见解、吸取别人的长处、发现自己的不足。收集、整理、分析全班学生的视力数据需要每位同学的参与。每位学生提供自己的视力数据，组长统计好交给学习委员、劳动委员、副班长和班长，每位学生都在尽力参与活动并发挥自己的作用，尤其是一些平时不太自信的学生，在本次综合与实践活动中体会到成功的喜悦，增强了学习数学的信心。学生在合作学习的过程中营造了和谐互助的学习氛围，培养了合作意识，提升了班级凝聚力。该过程也使教师意识到为学生提供合作学习机会的重要性，教师应该在日常教学中多创造这样的学习机会，充分发挥同学间的正向激励作用，激发学生的合作意识。

5．有利于提升学生的信息素养

《课标（2022 年版)》为教师的教学提供指导："注重信息技术与数学教学的融合。"运用信息化手段能激发学生的学习兴趣、提升学生的信息素养。在本课例中，如果学生笔算 50 个数据的平均数、众数、中位数、极差和方差，并且手绘不同形式的统计图，这在一节课内不可能完成。借助信息化手段，学生只需要在 Excel 表格中选中数据，便能在较短的时间内计算出平均数、众数、中位数、极差和方差等统计量，并绘制出不同形式的统计图，计算出视力不良率。学生把主要精力用在收集、整理、分析数据和得出结论上，有效提高了课堂效率。此外，教师在课堂导入环节播放微视频、鼓励学生上网查阅资料等，都使学生充分意识到网络学习资源的丰富。学生在今后的学习过程中能有意识地利用网络信息技术辅助学习，运用信息技术解决数学问题，进一步提升信息素养。

初中数学"综合与实践"教学从备课到实施，都对教师提出了更高的要求，需要教师具有综合素养，既要能树立跨学科理念，又要会引导学生进行实践。教师要有意识地突破学科的固有边界，在日常生活、工作中主动观察、发现并挖掘蕴含数学知识的跨学科融合情境或素材，还可与不同学科教师开展合作，提升课程的创新实践等能力，以突破自身专业的局限，取得理想的教学效果。

第四节　《生活中的"一次模型"》的教学设计

一、学习主题

1．主题与课时

北师大版数学八年级下册"综合与实践"课程《生活中的"一次模型"》，需 2 个课时完成。

2．课标分析

《课标（2022 年版)》中明确指出："综合与实践"是一类以问题为载体、以自主参与为主的学习活动。本节课题为"生活中的'一次模型'"，《课标（2022 年版)》中指出，模型思想的建立是学生体会和理解数学与外部世界联系的基本途径。建立和求解模型的过程包括：从现实生活或具体情境中抽象出数学问题，用数学符号建立方程、不等式、函数等表示数学问题中的数量关系和变化规律，求出结果并讨论结果的意义。

本节课的学习有助于学生初步形成模型思想，提高学生学习数学的兴趣和应用意识。这在整个数学的学习中具有重要意义。本节课要求学生反思参与活动的全过程，将研究的过程和结果形成报告或小论文，并能进行交流，进一步获得数学活动经验。通过对问题的探讨，了解所学知识（包括其他学科知识）之间的关联，进一步理解有关知识，发展应用意识和能力。在学习活动中，要尊重学生的学习体验，注重知识的生成过程，突出学生的主体地位，让学生学习有价值的数学。在问题研究的过程中，还要让学生体会重要的数学思想与方法，如数形结合思想、建模思想、转化思想等。

3．教材分析

本教学内容是八年级第二学期末的学习内容。通过教材与配套的教师参考用书的结合，我们可以分析出本教学内容的主要意图是引导学生从相对熟悉的现实生活出发，通过数学建模思想建立现实世界与数学知识的联系。通过数学建模的过程为后面学习二次函数、一元二次方程奠定基础。教材明确提出，感受一元一次方程（不等式）、一次函数在现实中的应用，并结合学生的兴趣方向。要求学生利用数据，构建一个需要综合运用数学知识去解决的问题，这非常有利于拓展学生的数学化横向维度。

具体展开教学时，"综合与实践"课程安排了 2 课时，第一课时引领学生回顾总结，发现运用一元一次不等式、一元一次方程和一次函数解决时的一些问题。在此基础上，学生依据不同的学习背景选择问题情境，小组讨论确定研究主题，拟定解决问题的方案，研究分析需要获取的有效数据。第二课时进行交流评析。

二、学习目标

（1）经历用数学的眼光发现现实生活中的数学问题，尝试提出问题，并加以解决的全过程，体会模型思想，发展应用意识，提高实践能力，了解数学的价值。

（2）综合运用一元一次不等式与一元一次方程、一次函数的相关知识解决问题，体会三者之间的内在联系。

（3）会反思参与活动的全过程，将研究的过程和结果形成报告，并能进行交流，进一步积累数学活动经验。

三、评价任务

重点完成以下四个项目：

项目1：熟练掌握"一次模型"概念。

项目2：能够利用"一次模型"解决实际问题。

项目3：深化利用"一次模型"解决实际问题。

项目4：迁移应用"一次模型"解决实际问题。

四、资源与建议

本课按"观察实际情境—发现、提出问题—抽象数学模型—得到数学结果—检验实际—解决实际问题"的路径进行学习，在完成每个项目任务时采取上述路径解决实际问题。

本教学内容的重点是构建"一次模型"并对模型进行解释和应用；难点是构造一个需要综合运用一元一次方程、一次函数和一元一次不等式等知识来解决现实生活中问题的"一次模型"。在学习过程中为了突破难点，将通过探讨贴近生活实际的打车费用和话费套餐等研究问题，感受"数学源于生活，也服务于生活"。开展项目式学习，发挥小组合作学习的效用。

通过阅读与分析题目，学会用字母表示未知量，寻找数量关系，建立对应模型，进而求解实际问题。

五、教学流程

本节课主要围绕6个项目展开，具体教学流程如图4－25所示。

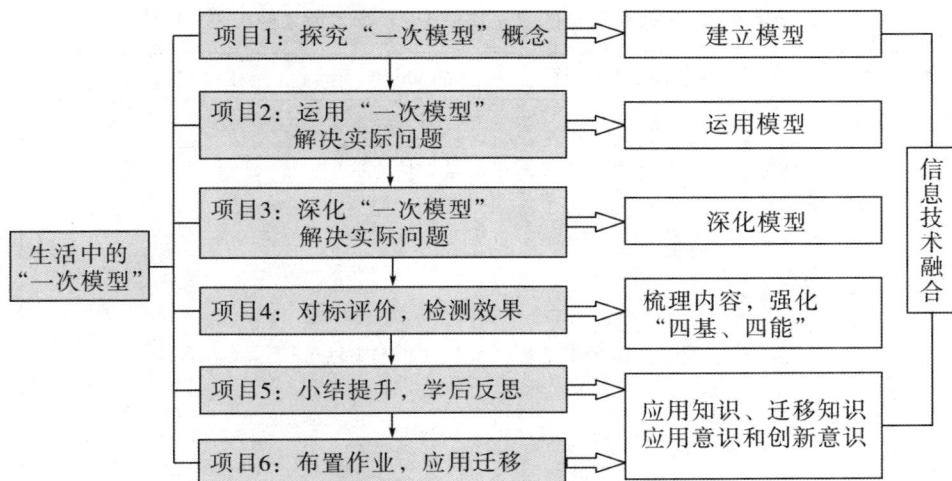

图 4 - 25　《生活中的"一次性模型"》教学流程

六、教学过程

任务一：探究"一次模型"的概念

问题1：同学们是否坐过出租车？有谁知道出租车如何计价？

（1）起步价：8 元/2 公里。

（2）公里租价：行程超出 2 公里之后，白天载客行驶每公里计费 1.6 元；夜间载客行驶每公里计费 1.8 元。

（3）白天时段：6：00（含）至 22：00（不含）；夜间时段：22：00（含）至次日 6：00（不含）。

解：设出租车载客行驶公里数为 x 公里，$x > 2$，打车费用为 y 元。

（1）白天时段：$y = 8 + (x - 2) \times 1.6$。

（2）夜间时段：$y = 8 + (x - 2) \times 1.8$。

【师生活动】

小组讨论交流，学生完成小组记录表并填写《生活中的"一次模型"学习效果分析表》（见表 4 - 22）。

表4-22   《生活中的"一次模型"》学习效果分析表

研究问题	出租车分段收费问题	活动时间	
参与者		等 级	
组内评价	在活动中你们是否遇到过困难？是如何克服的？		
	在活动过程中，你运用了什么数学知识与方法？		
	你们参与本次活动最大的感受与收获是什么？		
小组评价	你们认为本组的最大亮点是什么？		
	你们认为本组还需要进行哪些方面的改进？		

【设计意图】

从学生的实际生活经验出发，通过出租车计价方式引出"一次模型"的概念，有效促进学生数学化横向维度的拓展。通过思考自身生活经验中的"一次模型"，激发学生学习兴趣，为后续教学环节顺利实施奠定基础。

问题2：你是否能根据上述信息，分别列出超过起步价后，白天和夜间时段打车费用与公里数的一次函数关系式？

问题3：想一想生活当中是否还有类似的"一次模型"？

任务二：运用"一次模型"解决实际问题。

手机已成为现代生活当中必不可少的电子设备，接下来我们一起走进手机当中的"一次模型"。

问题 4：手机卡应该开通哪种上网收费方式？

方式 A：月租 30 元，上网时间 25 小时内不计费，超出 25 小时每分钟0.05 元。

方式 B：月租 50 元，上网时间 50 小时内不计费，超出 50 小时每分钟0.05 元。

方式 C：月租 120 元，不限制上网时间。

【学生活动】

（1）自主探究，根据问题构建函数解析式。通过方程、不等式或借助建立直角坐标系作图，解答数学问题。

（2）组内交流结果。

（3）每组选出一名代表，上台展示小组成果。

解：设月上网时间为 x 小时，则方式 A、B 的收费金额分别为 y_1、y_2 元。

$$y_1 = \begin{cases} 30, & 0 \leq x \leq 25, \\ 30 + 0.05 \times 60 \ (x - 25), & x > 25, \end{cases}$$

$$y_2 = \begin{cases} 30, & 0 \leq x \leq 25, \\ 3x - 45, & x > 25. \end{cases}$$

【师生活动】

结合三种收费方式的函数图像与解析式，对上网时间区域进行分类讨论，选择合适收费方式。

【设计意图】

让学生深刻体会数学对社会生活的重要意义。解决教学重点，培养学生数学运算、数学建模、逻辑推理、直观想象、数学抽象核心素养。通过组内交流、上台展示锻炼学生的表达能力，促进学生数学语言与现实世界的相互转化。

任务三：深化"一次模型"解决实际问题。

问题 5：手机卡选取哪种话费套餐更划算？

套餐 A：月租 8 元，主叫每分钟计费 0.03 元，被叫免费。

套餐 B：月租 58 元，主叫 150 分钟以内免费，超时每分钟计费 0.02 元，被叫免费。

【师生活动】

待学生自主探究完成后，邀请个别学生上台演示自己的解题思路。

【设计意图】

让学生深刻体会数学对社会生活的重要意义。解决教学重点，培养学生数学运算、数学建模、逻辑推理、直观想象、数学抽象核心素养。通过组内交流、上台展示锻炼学生的表达能力，促进学生数学语言与现实世界的相互转化。

【追问】

现在我们已经对生活中的"一次模型"有了大致了解，那能否提出一个综合运用一元一次不等式、一次函数、一元一次方程解决的现实问题？以小组为单位进行讨论。

请大家就各小组确定的问题，设计本组准备研究的主题，并针对研究主题设计具体方案（包括小组内各成员的具体分工、所采用的数据收集方式、论证方案的可行性、预设可能会遇到的困难以及解决方法等）。

【师生活动】

组内讨论，合作交流，明确研究的主题，设计研究的方案。

【设计意图】

根据问题导向性原则，培养学生的问题意识，增强学生综合运用知识解决问题的能力，发展应用意识，促进学生能力的可持续发展。通过组内充分交流，加之教师的适时点拨，突破教学难点。据对学生学情分析，学生是第一次接触设计研究方案，因此在课堂上教师先列举一些研究方案的内容，使学生对研究方案有清晰的认知。

任务四：对标评价，检测效果。

随着学业加重，各科需要买更多的辅导书。同学们买书自然是货比三家，希望买到更便宜的书本。于是，某小组就哪一家书店的书更便宜进行了调查（见表4－23）。

表4－23　书店购书活动

书店名称	店内活动
太阳书店	所有辅导书一律打八折
爱客家书店	100 元以内（包括 100 元）不打折；超过 100 元时超出的部分打六折

请帮他们解决：去哪家书店买书更划算？

任务五：小结提升，学后反思。

通过本节课的学习，你有哪些收获？还有什么疑惑？可以和同桌展开交流。

【师生活动】

自由发言、交流 3 分钟。

【设计意图】

让学生通过回顾本节课学习内容，强化对生活中"一次模型"的认知。

任务六：布置作业，应用迁移。

作业 1： 依据本节课小组内设计的研究方案，进行数据的搜集。依据数据信息结合数学知识，解决研究问题。（必做）

作业 2： 根据自己感兴趣的方向，结合本节课知识，独立设计一份关于生活中"一次模型"的研究方案。（选做）

【设计意图】

作业 1 的设计在于给下一课时——撰写研究报告做准备。作业 2 的设计在于促进学优生的发展，体现因材施教的教学原则。

七、教学反思

结合人教版八年级数学下册相关内容，本节课设计了多个数学任务。由于"手机"这一热点话题引起了学生的极大关注，课堂氛围十分热烈。自主探究活动与小组探究活动确保了学生的主体性、参与性、亲历性和合作性。然而，也存在一些不足之处。其中一个值得注意的是在设计教学任务时，没有充分考虑学生的个体差异性。在自主探究完成后进行小组交流的环节中，学优生和学困生完成探究的时间差较大。在这个时间差里，学优生会出现无所事事的情况，不利于发挥他们的学习潜力。因此，在未来的教学实践中，教师可更加关注学生的个体差异，尽力缩小"时间差"。如果时间差不可避免或者已经形成，授课教师可基于教学内容，适当地为学优生增添学习任务。这样既可以提高学优生的学习效果，又可以促使他们为团队进一步作贡献，让他们更好地发挥自身的优势。同时，教师应继续关注学生整体的学习状态，确保每个学生都能在轻松愉快的氛围中学习数学知识。

第五节　《设计遮阳篷》的教学设计

一、教学内容分析

（一）教学内容

本节课是北师大版教材九年级数学下册"综合与实践"的内容——《设计遮阳篷》。在这节课上，学生将经历把实际问题数学化，用数学的方式表示问题以及用数学的方法解决问题的过程，积累探索和发现的经验，并综合运用所学的知识，发展数学的应用能力。

（二）教学内容分析

《设计遮阳篷》旨在培养学生综合运用所学知识解决实际问题的能力。这个项目提供给学生的是一个源于日常生活的素材，激发学生的参与热情，便于他们将所学知识用于实际情境并对其展开综合性讨论。该项目注重过程性学习，通过将实际问题转化为数学形式，并运用数学方法解决问题的过程，旨在培养学生的数学应用能力，使他们能够深刻认识数学与日常生活的密切联系和数学的实际应用价值。此外，该项目还旨在培养学生的问题分析和解决能力，以及探索和创新能力。学生将通过查阅资料、实地测量来获取所需数据，培养信息收集与利用的能力。而通过动手合作设计，并撰写研究性报告的过程，学生也将初步获得科学研究的体验。

（三）教学重难点

1. 重点

（1）学会将生活问题数学化，发展数学应用能力。

（2）会运用公式计算。

2. 难点

将生活实际问题数学化。

二、教学目标分析

(一)教学目标

1. 知识目标

(1)要通过学习,深入了解遮阳篷设计涉及的数学原理;同时,通过社会实践,他们还能够了解遮阳篷的实际设计过程和具体制作过程。

(2)经历将实际问题转化为数学形式的过程,即将实际问题用数学的方式进行表达,并运用数学的方法来解决,从而培养数学应用能力,并深刻认识数学与生活的紧密联系以及数学在实际中的应用价值。

2. 能力目标

(1)通过运用数学方法将问题转化为数学表达式以及解决问题的过程,发展数学应用能力,并深刻认识数学与日常生活的紧密联系和数学的实际应用价值。

(2)通过查阅资料或实地测量来获取所需数据,并参与动手制作模型以及撰写研究报告。通过这些实践活动,获得科学研究的体验,培养科学精神。

3. 素养目标

培养模型观念、直观意识和应用意识,能够综合运用数学、地理或其他学科的知识分析问题和解决问题,发展自身的社会责任感。

(二)教学目标分析

在本课的教学过程中,学生将进行一个具有开放性和研究性的学习项目。核心问题是如何设计一个遮阳篷,既能在夏天最大限度地遮挡强烈的太阳光照,又能在冬天最大限度地让温暖的阳光照进室内。学生将通过探索这个问题来认识和总结生活中不同种类的遮阳篷,并将其抽象为几何图形,建立数学模型,将生活应用问题转化为数学问题并加以解决。为实施这一教学过程,我们将以活动的形式进行,鼓励学生收集、查询相关资料并进行实地调研,培养他们信息收集、处理和运用的能力。同时,我们将以启发、引导的方式,激发学生从数学角度出发分析问题,处理数据,并探索解决问题的方法,以促进他们的数学应用能力的提升,并加深对"数学与生活密切联系"的感知以及对数学应用价值的进一步理解。

三、学生学情分析

在学习本课之前，九年级的学生已经学过直角三角形的边角关系、测量物体高度、三角函数的计算，以及与数学、地理相关的知识。学生已经能够熟练地运用已学知识解决一些应用型问题。

学生在日常生活中经常见到遮阳篷，有些学生家里甚至已经安装了遮阳篷，因此他们对这个课题具备一定的知识基础和生活经验。然而，在设计和调查过程中，学生可能会面临一定的困难，这就需要他们集思广益、寻访请教、解决困难。设计遮阳篷的问题需要学生进行资料查阅、信息收集和分析、实地测量、构图绘图、制作模型等一系列步骤。学生需要区分已知和未知的信息，并提出合理的假设和推测。如果缺少教师的指导，学生可能会产生困惑。因此，学习本课具有一定的挑战性。

学习本课的过程与传统的课堂听讲有所不同，它更加注重实践和动手操作。学生对于把生活中的遮阳篷抽象成几何图形、建立数学模型，并提出符合他们现有知识和能力水平的数学问题非常感兴趣。这种动手操作的教学方式能激发学生的主动性，使他们更投入地学习，也有助于加深他们对本课题的理解。

综上所述，学习本课对于九年级学生来说有一定的难度，但他们已经具备了一定的知识基础和生活经验。通过实际动手的课堂教学方式，学生对于将生活中的遮阳篷抽象成几何图形、建立数学模型，并提出符合他们现有知识和能力水平的数学问题非常感兴趣。这将为他们学好本课提供有利的主客观条件。

四、教学策略分析

（一）教学教略

为了帮助学生更好地理解和掌握遮阳篷的类型和工作原理等内容，我们将在本节课正式开始之前进行一堂调查活动课。在这堂活动课中，学生将就"遮阳篷的类型"和"遮阳篷的设计原理"这两个问题展开实践，积累一定的生活经验，以便更好地理解和掌握数学规律，提高他们的数学学习兴趣和效果。同时，我们将学生分组，并在组内收集整理数据，建立适当的数学模型，并以小组成果的形式进行汇报和互评。学生共享学习成果，随后教师总结并推广学生成果，以解决生活中的问题。通过这样的方式，学生获得"数学源于生活又用于生活"的深刻体验。我们的目标是培养学生运用数学视角观察世界、运用数学思维思考问题、运用数学语言表达思想的能力。

（二）学法策略

为了充分实现教学目标，满足学生的学习需求，我们选择采用学生小组合作学习的教学方式。这种合作学习模式将为学生提供一个开放的平台，在合作中促进交流、互助和学习，集思广益，激发集体的力量，以提高课堂学习的效率，并突出学生的主体地位。通过小组合作学习，小组成员共同探究问题、分享观点和策略，并协作解决难题。这种学习方式不仅能激发学生的学习兴趣、积极性，还能增强他们的团队协作能力、沟通能力，提升其解决问题的技能。

学生在合作小组中相互学习、互相支持，共同承担和解决学习任务，从而促进彼此的学习与成长。小组合作学习能够更好地培养学生的批判思维和创造力。在合作中，组员通过讨论、辩论和交流，他们将更深入地理解和思考问题，从而激发创意，提出不同的观点和解决方案，并培养批判性思维的能力。同时，小组合作学习强调对学生的自主学习和问题解决能力的培养，鼓励他们发挥主动性，增强自我管理能力。

通过小组合作学习的方式，我们期待学生能够充分发掘自身潜力，合作互助，共同成长。这种教学方式在调动个体的同时，也为学生提供一个更积极、多元化的学习环境，促进其深度学习和综合能力的发展，为下一阶段的学业和生活做好准备。

（三）预期效果分析

为了更好地实现教学目标，使学生获得有效的学习成果，笔者在设计本节课时充分考虑了学生的学习需求和认知特点，在深入研究教学内容后，将"遮阳篷问题的解决方法探究"作为教学的重点。将"帮助学生理解和应用解决问题的方法，培养他们的问题解决能力和创新思维"确定为本节课的数学目标。

在本节课中，教师将引导学生通过探究和实践，了解不同类型的遮阳篷及其设计原理。学生将探索解决遮阳篷问题的方法与策略，并运用数学知识进行模型建立和解决。通过这样的学习过程，学生能够提升自己的分析思维、推理能力和创造力，并将数学知识应用于实际问题中。

在课堂上，教师将提供一系列的实例和案例，激发学生的学习兴趣和动力。同时，将组织学生进行小组讨论和合作学习，让他们分享和交流解决问题的思路和方法。通过合作学习，学生之间可以互相促进、互相学习，进一步培养团队合作意识和沟通能力。

在教学过程中，教师还将注重培养学生的批判思维和创新意识。通过引导学生提出问题、分析问题、提出解决方案，激发学生的创造力和独立思考能力，使其能够更好地应对各种问题和挑战。

通过以上的教学设计，期待学生能够在课堂上获得具体而实用的解决方法和策略，能够将所学知识用于实际生活。同时，也希望锻炼学生的创新思维，增强合作意识，为他们未来的学习和发展打下坚实基础。

五、教学流程

本课的教学主要包括小组探究、教师小结和应用推广三个环节，具体流程如图 4 - 26 所示。

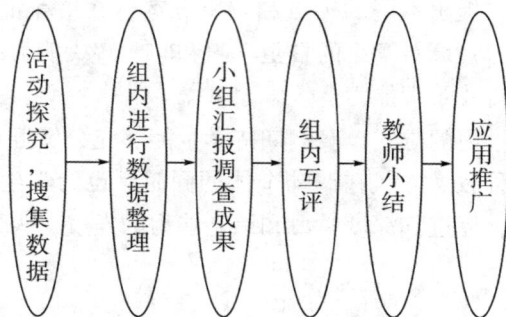

图 4 - 26　教学流程示意图

六、教学过程

（一）第一环节：小组探究

任务一：了解遮阳篷的设计原理、设计过程以及制作过程

教师提前一周布置此项任务，学生以 4 人为一组开展调查活动，按要求完成以下问题：

问题 1：通过生活实际或网上调查，归纳生活中遮阳篷的种类。

问题 2：在收集的资料中选择其中一种较熟悉的遮阳篷，画出其设计示意图，研究其设计原理和涉及的数学知识等。

问题3：就如何将生活中的遮阳篷抽象成几何图形、建立数学模型，提出符合九年级学生现有知识能力水平的数学问题，小组共同讨论、研究。分组调查，查找资料，以小组为单位撰写《遮阳篷的种类和设计原理调查报告》（见表4–24），分工合作研究如何汇报。

【学生活动】

以小组为单位，通过网上查阅资料或者社会调查，了解遮阳篷的种类、设计原理、设计过程和制作过程，做好相应的素材记录。

【设计意图】

学生对遮阳篷的种类、设计原理、设计过程和制作过程等问题展开社会调查或查阅资料，经历搜集数据的过程，有利于培养学生善于观察生活、乐于探索研究的学习品质及与他人合作交流的意识。活动所收集的资料和素材为第二课时分析研究遮阳篷数学原理提供了素材，在课堂中用学生真实调查的成果来展开教学，必定能极大地调动学生学习的积极性与主动性。

表4–24 遮阳篷的种类和设计原理研究报告

活动成员		
活动要求	网上查阅资料或实际测量，了解常用遮阳篷的种类及其设计原理，经历查阅资料或实地测量获得所需数据、动手制作模型、撰写研究报告，获得科学研究，用数学的方式研究问题以及用数学的方法解决问题的过程，发展自己的数学应用能力，并体会数学与生活的密切联系和数学的应用价值，综合运用数学、地理或其他学科的知识解决生活中的问题，加强自己的社会责任感。	
活动过程	遮阳篷的种类	
	某类遮阳篷的设计原理	
活动效果	自我评价	你能积极参与这次活动并大胆发表自己的看法吗？ 你能设计出计算遮阳篷高度的方案吗？ 你在与同学的合作中，是否敢于发表自己的意见？ 你发表了哪些意见？ 你是否从同伴的意见和建议中得到启发？请举例说明。 你在本次活动中遇到了哪些困难？是如何解决的？ 你认为本次活动有价值吗？你的感受和体会是什么？
	小组评价	
	教师评价	

任务二：组内进行数据整理。

教师密切关注每个小组在调查过程中出现的问题和产生的设想，并愿意放弃超出学生知识和能力范围的问题。其间，教师与学生进行充分交流，了解学生各自的设计和调查情况，共同研究如何将生活中的遮阳篷抽象成几何图形，建立数学模型，由此提出符合学生现有知识和能力水平的数学问题。因为实际应用问题和通常的数学问题并不相同，实际应用问题的条件往往不是直接给出的。因此，教师要引导学生自行分析已知量和未知量，并进行适当的假设（如假设窗户的朝向等）。在建立量与量之间的关系时，教师要引导学生将复杂问题简化，即舍弃一些次要的因素，抓住主要矛盾，提出合理的假设。在此基础上，学生可以寻求最合理的答案（如通过考虑冬至和夏至的日照角度来解决遮阳篷的设计问题等）。

【设计意图】

通过解决实际问题的数学活动，学生将逐步适应先理想化问题，然后建立数学模型的过程。教师鼓励学生通过查阅资料或进行实际测量来获取数据，为解决问题提供必要的条件。同时，教师鼓励学生归纳所得的结果，或进一步推广和拓展问题。

通过以上的教学活动，学生将逐渐习惯于思考把问题理想化、建立数学模型的方法。教师还鼓励学生通过自主学习和实践，为解决问题积极寻找信息，并将问题扩展到一般情境中。通过这样的教学设计，培养学生的批判思维、问题解决能力和创新意识，提高学生将数学应用于实际问题的能力。

任务三：小组汇报调查成果。

各小组派代表展示各自组课前所完成的调查报告，并汇报分享该小组的研究成果（展示4~5组）。

【设计意图】

让学生把自己的设计过程与大家分享，相互了解本组成员将实际应用问题转化为数学问题的方法，以及用数学的眼光观察和分析世界、发现问题、提出问题和解决问题的途径。引导学生利用网络查找所需的信息，丰富背景资料，开拓思维。锻炼学生综合运用多媒体进行汇报交流。关注能力层次不同的学生，尽力为每位学生的发展提供恰当的学习平台。

任务四：小组互评。

各小组派代表对本组感兴趣小组的调查报告进行评价，提出建设性的意见。

【设计意图】

创造一个良好的课堂氛围，教师致力于激发学生的学习兴趣，让学生在舒适的环境中全身心地投入课堂。同时，教师促进学生之间的情感交流，为教育教学提供一个良好的展示平台。学生可以在小组成员的帮助下传达本组的观点和看法。在互相评价中，教师鼓励学生充分表达本组的观点，既提高学生的语言组织能力，又培养他们的口语表达能力。学生小组通过相互评价，不仅认识到自己的优点，也能了解自身的不足。受到教师的积极引导，学生容易激发出一种弥补自身不足、保持自身优势的情感。这不仅能提高课堂教学的效果，而且培养学生正确评价自己的能力，为学生未来的学习和生活奠定坚实的基础。学生在这种竞争意识下，毫不保留地分享本组的观点，相互评价优点和不足，通过这种合作学习，同学之间能够相互促进，提高自己的表达能力和思维能力。

【注意事项】

在进行遮阳篷种类和设计原理的前期研究时，小组成员的组配应该遵循科学合理原则，以确保不同数学特质的学生共同组成一个小组。我们需要包括具有不同特长的学生，比如有的可能记忆力较好，有的可能理解力较强，有的可能表达能力较强，有的可能较为冷静，有的可能善于形象思维，有的可能善于抽象思维，有的可能动手能力较强，有的可能空间想象力较强，还有的可能会提出独特的问题等。我们会尽量将这些具备不同特质的学生平均分配，以便相互促进，达到共同进步的目标。在小组合作学习中，确保活动不仅仅停留于形式，教师给予组长任务分配的重要性不可忽视，组长需要有能力引导组员积极参与活动。

（二）第二环节：教师小结

对各小组汇报交流的内容进行梳理，归纳遮阳篷的种类，指出各类遮阳篷设计的数学原理。

【设计意图】

通过学生在第一课时的社会调查和课前的汇报交流，我们得出了一种方法，即将实际问题数学化并利用数学方法解决问题。这种方法可以进一步培养学生的数学应用能力，使他们更深入地认识数学与生活的密切联系，知晓数学在实际应用中的价值。在社会调查中，学生积极面对真实世界的问题，通过观察、数据收集以及现象分析来解决这些问题。通过课前的汇报交流，他们分享彼此的发现和分析结果，不仅加深了对问题的理解，而且促进了相互间的学习和启发。这样的实践活动激发了学生对数学存在于日常生活中的意识，帮助他们认识数学在解决实际问题中的重要作用。

将实际问题数学化的过程包括将问题转化为数学语言和符号的表达。学生需要将问题中的关键信息与数学概念相对应，建立数学模型。通过数学化的表达，学生能够更清晰地描述问题，为解决问题提供更有效的思路和方法。解决问题的过程涉及运用数学方法进行分析、推理和计算。学生需要运用所学的数学知识和技巧，选择适当的数学工具，进行合理的推导和计算。通过实际问题的解决，学生能够体验到数学的实用性，提升解决问题的能力，增强对数学学习的兴趣和动力。通过将实际问题数学化的方法，学生的数学应用能力得到进一步的发展，并深刻体会到数学与生活的密切联系以及数学的应用价值。这样的学习体验为学生奠定了坚实的数学基础，为他们未来的学习和生活提供重要支持。

三、活动过程

环节1：认识遮阳篷的特点。

在日常生活中，我们可以看到各式各样的遮阳篷。

【学生活动】

（1）以小组为单位收集遮阳篷资料，包括遮阳篷的图片、形状、作用等。

（2）由学生展示课件：丰富绚丽的遮阳篷景观。

（3）观察遮阳篷，初步认识遮阳篷的特点。

【教师活动】

引导学生观察遮阳篷的特点，并总结遮阳篷的相关信息，得出结论。

【设计意图】

各小组展示自己收集的遮阳篷资料，以形成对遮阳篷的初步认识。总结遮阳篷的特点，得到如下结论：①遮阳篷的位置不同：有的是独立的，有的是屋前遮阳，有的是窗户遮阳。②遮阳篷的形状不同：有直的，有伞状的，有圆弧形的，有半圆形的等。这一点教师需重点强调，为后面学生的设计做好铺垫。③遮阳篷的种类不一：垂帘式遮阳篷；折叠式遮阳篷；伸缩式遮阳篷；落地窗式遮阳篷；旋转式遮阳篷；圆弧形遮阳篷；抛物线形遮阳篷等。④遮阳篷的作用不同：夏天能最大限度地遮挡炎热的阳光，冬天能最大限度地使温暖的阳光射入室内。

环节2：了解遮阳篷的原理。

展示各小组的研究成果。

成果1：第1小组"如何设计遮阳篷"的研究报告如下：

【方案设计】

某社区服务中心在文化活动室墙外安装遮阳篷（见图4-27），便于社区居民休憩。

图4-27 遮阳篷

【数据收集】

在图4-28侧面示意图中，遮阳篷靠墙端离地高记为BC，计划安装遮阳篷的外端A到BC的距离为3米，与水平面的夹角为15°。

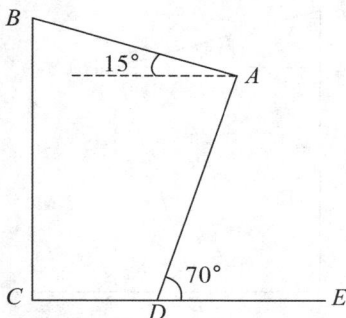

图4-28

【问题提出】

（1）确定材料宽度：求 AB 的长。

（2）探究安装高度：当太阳光线 AD 与地面 CE 的夹角为 70°时，量得影长 CD 为 2 米，求遮阳篷靠墙端离地高 BC 的长。

【问题解决】

大家经过谈论交流后，解答上述问题如下：

解：（1）图 4 - 29 中，过点 A 作 $AN \perp BC$ 于点 N，

在 Rt△ABN 中，$AN = 3$，$\angle BAN = 15°$，

∵ $\cos \angle BAN = \dfrac{AN}{AB}$，

∴ $AB = \dfrac{AN}{\cos \angle BAN} \approx \dfrac{3}{0.97} \approx 3.1$（米），

答：AB 的长约为 3.1 米。

（2）过点 A 作 $AM \perp CE$ 于点 M，则四边形 $NCMA$ 为矩形，

∵ $CM = AN = 3$，$NC = AM$，

∵ $CD = 2$，

∴ $DM = CM - CD = 3 - 2 = 1$（米），

∵ $\angle ADM = 70°$，

∴ $AM = DM \cdot \tan 70° \approx 2.75$（米）。

在 Rt△ABN 中，$AN = 3$，$\angle BAN = 15°$，

∵ $\tan \angle BAN = \dfrac{BN}{AN}$，

∴ $BN = AN \cdot \tan \angle BAN \approx 3 \times 0.27 \approx 0.81$（米），

∴ $BC = 2.75 + 0.81 \approx 3.6$（米）。

答：遮阳篷靠墙端离地高 BC 的长约为 3.6 米。

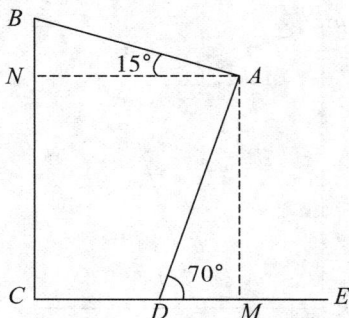

图 4 - 29

成果 2：第 2 小组 "如何设计遮阳篷" 的研究报告如下：

【方案设计】

要求设计的遮阳篷既能最大限度地遮住夏天炎热的阳光，又能最大限度地使冬天温暖的阳光射入室内。该数学课题研究小组通过调查研究，设计安装了遮阳篷（见图 4－30），其中垂直于墙面 AC 的遮阳篷 CD，AB 表示窗户，BCD 表示直角遮阳篷。

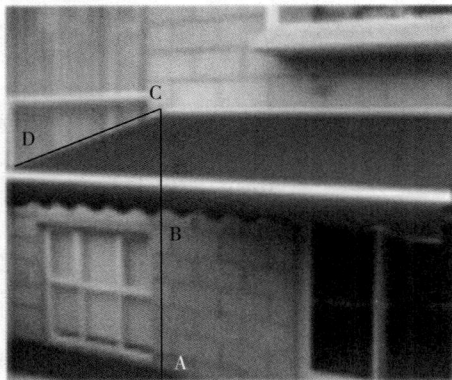

图 4－30

【数据收集】

通过查阅相关资料和实际测量：夏至日这一天的正午时刻太阳光线 DA 与遮阳篷 CD 的夹角 $\angle ADC$ 最大，且最大角 $\angle ADC = 75°$；冬至日这一天的正午时刻，太阳光线 DB 与遮阳篷 CD 的夹角 $\angle BDC$ 最小，且最小角 $\angle BDC = 35°$。

【问题提出】

（1）如图 4－31 所示，若只要求设计的遮阳篷能最大限度地遮住夏天炎热的阳光，当 $CD = 1$ 米时，求 AC 的长。

（2）如图 4－32 所示，要求设计的遮阳篷能最大限度地遮住夏天炎热的阳光，又能最大限度地使冬天温暖的阳光射入室内。当 $AB = 1.5$ 米时，根据上述方案及数据，求遮阳篷 CD 的长。（结果精确到 0.1 米）（参考数据：$\sin 75° \approx 0.97$，$\cos 75° \approx 0.26$，$\tan 75° \approx 3.73$，$\sin 35° \approx 0.57$，$\cos 35° \approx 0.83$，$\tan 35° \approx 0.7$）

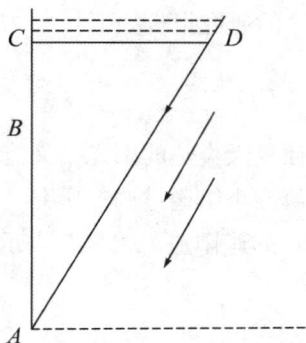 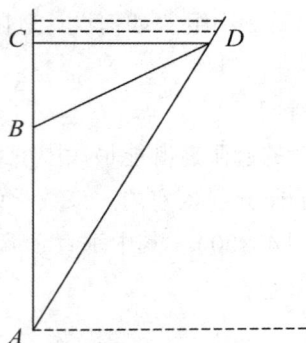

图 4 - 31　　　　　　　　　　图 4 - 32

【问题解决】

大家经过谈论交流后，解答上述问题如下：

解：（1）如图 4 - 31 所示，在 Rt△ACD 中，∵ ∠ADC = 75°，CD = 1，

∴ $\tan\angle ADC = \dfrac{AC}{CD} = \dfrac{AC}{1} \approx 3.73$，∴ AC ≈ 3.7，

∴ AC 的长约为 3.7 米。

（2）如图 4 - 32 所示，在 Rt△BCD 中，∵ ∠BDC = 35°，

∴ $\tan\angle BDC = \dfrac{BC}{CD} \approx 0.7$，∴ BC = 0.7CD，

在 Rt△ADC 中，∵ ∠ADC = 75°，

∴ $\tan\angle ADC = \dfrac{AC}{CD} \approx 3.73$，∴ AC = 3.73CD，

∴ AB = AC - BC =（3.73 - 0.7）CD = 1.5，

∴ CD ≈ 0.5，∴ 遮阳篷 CD 的长为 0.5 米。

【设计意图】

在此项精心策划的教学活动中，我们选择了两组对比鲜明的案例进行深入探讨，旨在让学生亲身体验遮阳篷设计的精妙之处，发现其背后的科学原理。一组是基础款遮阳篷设计，以其简洁实用的特点，展示了设计的基本考量；另一组则聚焦于季节变换的影响，设计出了能适应夏季与冬季不同日照条件的遮阳篷，凸显了设计的灵活性与功能性。

环节 3：建立遮阳篷的模型

如图 4 - 33 所示，墙 AC 上有一窗户 AB（AB = h 米），在炎热的夏天，为了保证室内凉爽，想在墙上安装一直角形遮阳篷 BCD（CD = m 米），恰好能让夏天的阳光刚好不射入室内，该遮阳篷应如何设计？（设正午时刻太阳光与地

面的夹角为β)

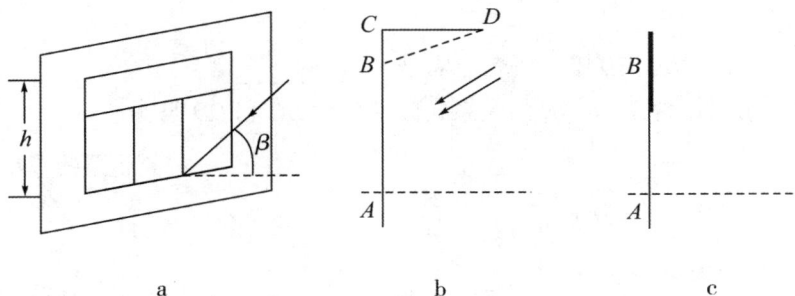

图 4 – 33

思考：

（1）要最大限度地挡住阳光，只能照到_____处。

（2）BD 要与阳光_____，AB 才能完全不受阳光照射。此时 BD，CD 唯一吗？原因是_____。请在图 4 – 33c 中画出来。

如图 4 – 34 所示，墙 AC 上有一窗户 AB（AB = h 米），在寒冷的冬天，为了保持室内温暖，要求正午时刻阳光恰好全部射入室内。直角形遮阳篷 BCD 又应怎样设计？请在图 4 – 40c 中画出来。（设正午时刻太阳光与地面的夹角为α）

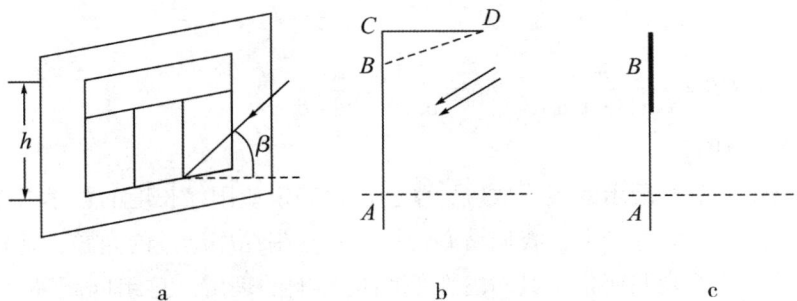

图 4 – 34

思考：

（1）阳光要最大限度地照进来，要照到_____处。

（2）BD 要与阳光_____，AB 才能完全照到阳光。

（3）此时 BD、CD 唯一吗？原因是_____。

要求：既能在夏天最大限度地遮挡炎热的阳光，又能在冬天最大限度地使温暖的阳光射入室内。观察思考请在图 4-34c 中画出来。

如图 4-35 所示，要满足夏天和冬天不同需求，即要找两个 BD 的 _____ 。

思考：

（1）此时 BD，CD 唯一吗？原因是 _____ 。

（2）可以用含 h、α、β 的关系式分别表示 BC 和 CD 吗？

$\because \angle CDB = \alpha$，

$\therefore \tan \angle CDB = \tan \alpha = \dfrac{BC}{CD}$。

即 $BC = CD \tan \alpha$，

$\therefore CD = \dfrac{BC}{\tan \alpha}$。

$\because \angle CDA = \beta$，

$\therefore \tan \angle CDA = \tan \beta = \dfrac{AC}{CD}$。

即 $AC = CD \tan \beta$，

$\therefore CD = \dfrac{AC}{\tan \beta}$。

又 $\because BC + AB = AC$，$AB = h$，

即 $h + CD \tan \alpha = CD \tan \beta$

$\therefore \begin{cases} h + BC = CD \cdot \tan \beta \\ BC = CD \cdot \tan \alpha \end{cases}$。

解得：$CD = \dfrac{h}{\tan \beta - \tan \alpha}$，$BC = \dfrac{h \tan \alpha}{\tan \beta - \tan \alpha}$。

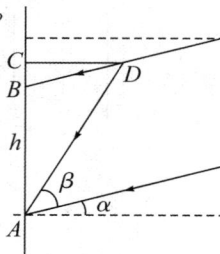

图 4-35

【设计意图】

基于第二阶段展示的累积效应，学生已对确定遮阳篷长度的数学考量形成了初步认知。在此基础上，我们精心设计了一连串循序渐进的问题，旨在深化学生对于季节性光照变化及其对遮阳篷结构影响的理解。这组问题环环相扣，巧妙地引领学生探索夏季与冬季太阳辐射模式的显著差异，进而揭示光线入射角度的改变如何直接决定了遮阳覆盖范围的调整，最终影响数学求解的结果。

从直观现象向抽象模型的转化，对学生构成了不小的思维挑战。然而，得益于先前详尽的知识储备与实践演练，他们逐步掌握了将具体情境转换为数学语言的核心技巧。通过融合几何学与三角学原理，学生开始构建适应季节变化的遮阳篷设计方案。这一过程不仅强化了他们对数学建模复杂性的认识，也锻炼了他们运用数学工具解决实际问题的能力，为未来跨学科领域的探索与创新

奠定了坚实的理论与实践基础。

环节4：应用推广

我们如何测得所在地区正午时刻太阳光与地面的夹角？

如图4-36所示，正午时刻，在太阳光下放一标杆 AB，影长为 BC，则太阳光与地平面的夹角为 α，所以 $\tan\alpha = \dfrac{AB}{BC}$，测量 AB、BC 的长度，算出 $\tan\alpha$ 的值，再用计算器即可计算出 α 的值。

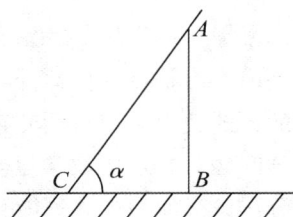

图4-36

根据已学知识，思考以下三个问题：

（1）如图4-37所示，如果要求遮阳篷的 CD 边为圆弧形（C，D 同高），那么还需要知道什么条件？如何设计？

（2）如图4-38所示，如果要求遮阳篷的 CD 边为抛物线形，那么还需要知道什么条件？如何设计？

（3）如图4-39所示，如果要求遮阳篷的 CD 边可伸缩，那么应如何设计？

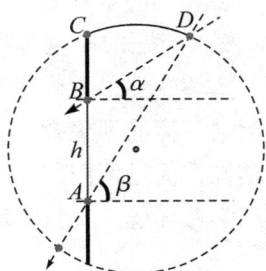

图4-37

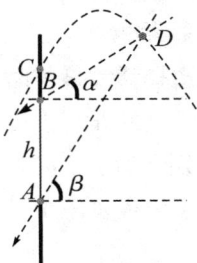

图4-38

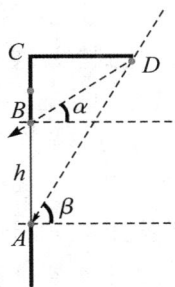

图4-39

【设计意图】

本教学环节旨在深化学生对遮阳篷科学原理的掌握，通过精细化的数据测量与严谨的分析，强调测量技术的准确性和过程控制的重要性。在巩固基础知识的同时，引导学生将所学知识迁移到不同类型的遮阳篷设计中，鼓励跨学科学习与创新思维，旨在培养学生在解决实际问题中的批判性思考、信息处理及团队协作等核心素养能力，为未来的学习与职业发展奠定坚实基础。

七、教学反思

本课的学习重点是设计遮阳篷。从学生的课堂反应来看，大多数学生对此非常感兴趣，他们表现出较高的学习积极性。此外，设计遮阳篷需要进行测量和实际操作，这种动手实践的方式使得学习氛围非常好。然而，由于设计遮阳篷涉及将实际问题转化为数学问题，并经历数学建模的过程，一部分学生对此感到有一定的困难。经过充分讨论交流后，大家能够从实际问题中抽象出数学模型。一旦现实问题变成具体的数学问题，学生会感到熟悉并展现更大的积极性，这也促使更多的学生积极参与讨论。

从本课学习的过程可以看出，学生需要有课题学习的机会，同时需要一定的方法指导。他们需要通过实践来进行科学研究，尽管这些经验现在可能尚未完全体现出其价值，但这样的经历将增强学生的自信心，成为他们一生的财富。因此，在选取素材，课堂容量设置问题设置和摄取方法的选择上，要切实根据学生的实际，注意以下几点：

1. 素材选取匹配性，基于浓郁的趣味性

本节课选择了遮阳篷作为学生的操作素材，这个素材具有浓郁的生活气息。不论是从生活的角度还是从数学的角度来看，遮阳篷都能够激起学生浓厚的兴趣，激发他们解决问题的强烈愿望，有趣的事物也会让他们全身心地投入其中，达到沉浸式学习的"追蝴蝶"状态。兴趣的激发为问题的顺利解决奠定了良好的基础。因此，在选择活动素材时，一定要注重趣味性，要确保与问题的匹配度平衡，能够调动学生的非智力因素，达到活动目标的理想效果。活动素材的生动有趣性将能充分调动学生的积极性和主动性，促进他们的参与和理解。这样的素材选择将为学生提供一个愉快、有趣的学习环境，激发其对学习的热情和探索欲。

2. 课堂容量适切性，基于缓慢的过程性

本节课的设计如果选择 1 个课时，其学习内容是无法圆满完成的，即使学生非常优秀，结果依然如此。这将导致课堂容量严重超载，无法进行足够的实操操作，使得学生望而却步。即使通过加长课时的方式，也至少需要 2 个课时才能完成内容。这样的设计没有考虑到适合的课堂容量，忽视了活动过程的缓慢性，仍然沿用了传统的标签课设计模式。

　　笔者重新设计了本节课的几个关联活动，确保这些活动具有同样的素材和任务内容。在重新设计时，更加关注学生的参与过程、承受能力和生命感悟。同时，课堂容量要适切，这里的适切指的是符合课时的长短、与学生思维现实相符、符合学生知识发展的阶段特点、符合学生数学能力的要求。通过这样的重新设计，我们将为学生提供一个更适合的学习环境，促进他们更好地参与学习，发展他们的数学能力。

　　3. 问题设置得体性，基于多元的关联性

　　本节课的设计非常得体且相互关联，通过一系列问题的设置，让学生在学习设计遮阳篷的过程中逐步深入了解和应用相关的数学原理。首先，学生会先对遮阳篷进行基本的介绍和了解，通过实际观察和探索遮阳篷的功能和用途，培养学生对该主题的兴趣和认知。其次，学生将深入研究遮阳篷的设计数学原理。他们将探索相关的几何概念、角度计算和尺寸比例等数学知识，并将这些理论知识用于实际设计。通过这样的学习过程，学生将能够理解遮阳篷设计的基本原理，并将其运用到具体问题中。

　　在学习的过程中，学生将有机会分享自己的学习体验和成果。这样的分享不仅有助于加深学生对所学知识的理解，还可以促进同学之间的互动和合作。通过分享经验和思考，学生也能够培养批判性思维和创新思维能力。整个课程中的问题设置既具有操作性又易于操作，符合学生的思维发展特点。问题的难度呈现出渐进的坡度，逐步提升学生应对学习挑战和解决问题的能力。不同层次的学生可以根据自身的理解和能力获得个性化的知识、技能、经验和思维方法。

　　通过这样的设计，学生们不仅能够在实践中学习和应用数学知识，还能够培养综合素质和学习能力。他们将通过课程的深入学习，获得对遮阳篷设计的全面了解，并在解决实际问题时提出具有创造性的解决方案。这样的学习经历将为学生未来的学习和生活作铺垫。

　　4. 摄取方法顺应性，基于多维的开放性

　　本节课在活动过程中灵活选择摄取方法，以体现运作手段适应各种个性问题的需求。首先针对学生调查报告，我们将从直观的角度入手，通过观察和感知来了解问题的本质。其次，我们从算理分析的角度入手，运用数学的方法和原理进行深入分析。最后，我们将运用演绎推理的方法，通过逻辑推理和推断，得出待猜想的结论。

通过这样多维度的方法，可以全面获取所需的知识和信息。针对问题和方法的开放性，我们引导学生尝试从多个角度和方法来解决问题，以实现知识的建构和经验的积累。我们致力于优化学生的学习策略，使其更加简捷有效。通过这样的教学方式，可以培养学生的问题意识和创造能力，提升他们的数学素养和解决现实问题的能力。同时，我们希望让不同层次的学生能够从中获得个性化的生命感悟，深入理解数学对生活的应用和意义。

总之，我们旨在培养学生的思维灵活性和创新能力，让他们能够面对各种问题和挑战并提出解决方案。通过多元化的学习方法和活动，学生能够在问题解决的过程中不断优化自己的思维和技能，为未来的学习和生活打下坚实基础。

参考文献

［1］薛红霞．PBL 下数学项目化实验教材的编写与实践［J］．教育理论与实践，2016（8）：42－44.

［2］贾凤梅，杨美娜，巩晓荣，等．"测量物体的高度"项目学习设计［J］．教育，2019（35）：52－58.

［3］白雪峰．开展项目式学习实验研究　发展学生数学核心素养［J］．新课程教学（电子版），2021（21）：13－16.